现代西方交往理论研究

Xian Dai Xi Fang Jiao Wang Li Lun Yan Jiu

王振林 / 著

项目编号：07JJD720040

教育部人文社会科学重点研究基地重大项目成果

中国社会科学出版社

图书在版编目（CIP）数据

现代西方交往理论研究/王振林著．—北京：中国社会科学出版社，2015.12

ISBN 978 – 7 – 5161 – 7071 – 7

Ⅰ.①现… Ⅱ.①王… Ⅲ.①心理交往—理论研究—西方国家 Ⅳ.①C912.3

中国版本图书馆 CIP 数据核字（2015）第 268344 号

出 版 人	赵剑英	
责任编辑	王　曦	
责任校对	周晓东	
责任印制	戴　宽	

出　　版	中国社会科学出版社
社　　址	北京鼓楼西大街甲 158 号
邮　　编	100720
网　　址	http://www.csspw.cn
发 行 部	010 – 84083685
门 市 部	010 – 84029450
经　　销	新华书店及其他书店

印刷装订	三河市君旺印务有限公司
版　　次	2015 年 12 月第 1 版
印　　次	2015 年 12 月第 1 次印刷

开　　本	710 × 1000　1/16
印　　张	11
插　　页	2
字　　数	201 千字
定　　价	46.00 元

凡购买中国社会科学出版社图书，如有质量问题请与本社营销中心联系调换

电话：010 – 84083683

版权所有　侵权必究

目　录

序　言

　　主体理性与理性主体是西方近代哲学的原则与奠基石。近代哲学通过弘扬人的主体理性的完善性，确定了人的理性主体地位，从而取代与颠覆了中古时期存在理性与神的至高无上的中心位值与权威，并在宗教改革、文艺复兴与启蒙运动中得到贯彻与彰显，由之确立了现代文化形态与人的生存环境。然而，以主体为中心的理性在自身确定与自我意识的同一性中，由此所付出的代价是：不可避免地陷入唯我论的窠臼，同时，理性主体在自我关涉的自恋中，又表现为与"他者"的分裂与对立。因而具有反讽意味的是：反思哲学由自我意识所确立起来的主体性，不仅在与"他者"的纠缠中，从未获得过自身真正的独立性，而且越来越暴露出隐含在它自身中的缺失与弊端，同时，自我意识内在的目的性与持存性，不仅表现为工具理性，而且主体理性的客观化又导致了理性的异化，结果破坏了由其自身所激发出来的理性主体性。现代性的地平线发生了移动，以"我思"为中心的理性遭到了哲学家们的质疑，突破理性主体的唯我论，超越主客、彼我分离的二元论，重新澄清理性可能性的条件，提示理性、自我与他者之间内在的关联，分析描述交互主体与交互世界的生成与存在的必然性，则成为现代西方哲学的理论取向。

—

　　现代性的哲学话语充斥着自我意识的理念，自我意识确立与张扬

1

的是主体性原则，主体性原则既是科学知识与认知真理的确定性基础，也是人们行为规范的唯一来源。宗教改革、文艺复兴与启蒙运动中所贯彻的主体性原则，既表明它是现代意识的源头，也是现代文化形态的基底。

反思哲学以自我意识为基点是确立主体性原则的关键，而现代性的自我确证则始于笛卡尔的"我思"。笛卡尔不作任何预先假设的激进主义批判怀疑式，不仅充分肯定与显示了主体理性的权威，开启了一种在"自我"的主观性中寻找世界和真理的最终根据的"哲学研究的全新方式"，而且通过主体的"我思"确立了"我在"，建构起了现代的主体性原则。无论人们是否赞同笛卡尔的认识论程序，然而转向研究主体，回溯到那个在其内在性中进行认识自我的要求则势不可当。这种基于主体自我关系的反思哲学，在以后的理性主义哲学中充分显示并发挥了它的内在力量，并在德国古典哲学中达到高峰。经验论和唯理论尽管在主体理性的真理性与确定性的基础上存在分歧与争端，但是，探索与立足于主体理性或自我意识，并将其作为理性主体认识的出发点与归宿，作为科学知识与认知真理的确定性基础与标准，则为二者共同的哲学取向及方法论基础。之后，康德在其著名的三大"批判"——《纯粹理性批判》、《实践理性批判》、《判断力批判》中，通过对纯粹理性的批判，进一步确定了理性主体的位值与权威，使得理性的建筑术在客观知识、道德实践与审美评价领域得到了充分的肯定与展示，主体理性不仅是知性的力量，同时也是理性认知、道德实践与审美鉴赏的先天原则和源泉，理性主体以自我的自主、自律、自由变成了整个文化领域中的绝对立法者。正因为如此，哈贝马斯认为康德哲学明确地反映了时代的本质特征，因为它确立了理性主体在现代世界这座思想大厦中的主人地位与权威。继康德之后，黑格尔第一个明确地把这种通过自我理解而达到自我确证的问题看作是现代的主体性原则问题。在他看来，从思维的视角把握时代即为现代，而"哲学把握自我意识的理念乃是现代的事业"[①]，那么，由自我反思所充分发挥出来的精神的自由自在性，则是现代世界的主体性原则。

①　哈贝马斯：《现代性的哲学话语》，译林出版社2004年版，第19—20页。

现代性的事业充斥着自我意识与主体性原则。主体性的原则及其内在自我意识的结构所塑造出来的自主性、自律性与自由性不仅是哲学的诉求，同时也是主体理性所激发出来的人性自觉。主体理性的觉醒与"成熟"不仅表现在宗教改革、文艺复兴与启蒙运动中，同时还体现在科学、宗教、道德与艺术等各个社会活动领域。正如黑格尔所说的那样："说到底，现代世界的原则就是主体性的自由。也就是说，精神总体性中关键的方方面面都应得到充分的发挥。"① 在现代世界，以主体为中心的理性在自我理解中撕破了一切约束，自力更生、怡然自得地生活在自我营造的环境中。宗教信仰变成了一种反思，神的世界在孤独主体的反思中得到了解释与设定；自然科学中的一切奇迹都不复存在，因为自然界不过是由人的认识法则建构起来的一个逻辑体系；道德戒律不再外在于人而存在于彼岸世界，而是以肯定人的主体自由为前提，在主体的自由意志中找到了普遍的规范性基础；艺术创作陶醉在自我欣赏与自我实现中，其设色布势，形式与内容都只有在自我体验中才能表现现实。随着一系列用理性原理建立起来的现代经验科学、道德实践以及艺术审美的出现，便形成了不同的文化价值领域。虽然互不相同的活动领域各有自己独特的研究问题，即真实性问题、正义问题和趣味问题等，但是，就各个活动领域都贯彻的是一个理性主体的原则而言，表明现代性与合理性之间有着显著的内在关联，主体理性与现代文化形态之间无论是在善或恶的意义上都具有建构的意义。正因如此，哈贝马斯说："在现代，宗教生活、国家和社会，以及科学、道德和艺术等都体现了主体性原则。""现实'只是一种通过自我的显现'。"② 现代的诸种实证现象表明，"人成为存在者的中心和尺度。人成了决定一切存在者的主体。也就是说，人成了决定现代一切对象化和想象力的主体"。③ 主体性原则是一种统治原则。

---

① 哈贝马斯：《现代性的哲学话语》，译林出版社 2004 年版，第 20 页。
② 同上书，第 22 页。
③ 同上书，第 154 页。

二

现代性的哲学话语表现为在自我反思中确立了主体性原则，然而，由此所付出的代价是理性主体在自我关涉的自恋中，表现为与"他者"的分裂与对立；同时，具有讽刺意味的是：以主体为中心的理性又在自身确定与自我意识的同一性中，以一种自我绝对化的趋势而蜕变为一种理性神话。主体理性的统一性与绝对性所内蕴的目的性与持存性，不仅确立了工具理性，而且主体理性的客观化又导致了理性的异化与扭曲。

笛卡尔的我思之我打破了上帝的一统天下，由之所建构起来的主体性原则的哲学效应是各个主体意识，以及由此所展现出来的对理性主体的迷恋。然而，主体理性在自我统一中所付出的代价是："作为'对其尊贵的惩罚'，认识论的主体被'永久监禁在它的自我之中'，被判定像'城堡中'的骑士那样去看世界。"① 意识哲学从单个主体出发，通过我思之我的自主性所展现出来的不仅是理性的自我捍卫与自我膨胀，而且在其自恋权力中生成了与"他者"，即与他人、他物的分裂与对立。理性的分裂模式表明：理性主体想要依靠的不是"他者"，而是自身。因此，我思之我作为"一个最初无世界的主体"，不仅同与他人打交道的生活世界相剥离，而且也同他物的外在自然世界相剥离。那么，经过双重剥离的理性主体作为我思之我，在自我关系中，总是把自身作为客体的主体，因而无论是在认知还是行动中，无论在内部还是外部，都始终纠缠于与"他者"的对立关系中而没获得真正的独立性。所以，理性主体不得不在自身捍卫中，把周围的一切都作为征服的对象。理性主体对"他者"的征服，在经历了经验论与唯理论的非批判的独断论之后，主体理性的自明性与客观实在性在休谟的怀疑论中遭到了无情的质疑。休谟通过心灵联想律，不仅以非理性的习惯联想破坏了主体理性的普遍性、必然性与客观实在性，而且以其前后一致的彻底的经验主义的怀疑论终结了理性主体与客观存在

---

① 弗莱德·R. 多尔迈：《主体性的黄昏》，上海人民出版社 1992 年版，第 48 页。

的统一性。休谟的问题唤醒了康德，使之在一种纯粹的形态上对主体理性进行了重新审视与批判。康德的理性批判所引发的"哥白尼式的革命"，虽然在经验的领域确立了主体理性统摄感性形象而形成知识的客观有效性，但是，主体理性的经验的客观有效性，使理性主体又只能作为经验自然界的立法者限囿于此岸世界，而与彼岸世界——物自体处于对立与分裂之中。所以，康德的理性批判既是确立主体自身，也是与他者划界的过程，其结果必然会设定出诸如现象与本体、有限与无限、知识与信仰等二元论。黑格尔从康德的理性的分裂中发现，理性作为一种总体力量，不但能够使自身产生矛盾，发生异化与分裂，同样也可以将其重新统一起来。不过，黑格尔认为理性克服二元对立与分裂的力量不可能从认知主体的自我意识之中推导出来，所以，他将主体理性提升为绝对理性，通过绝对理性将自身异化为"他者"，并在"他者"中烙下它自己的无限印迹，而返回自身的辩证发展，完成了理性与"他者"的对立统一。

　　然而，不幸的是，当理性上升为绝对理性而达到最高的自主性与绝对性时，同时也预示着理性的危机。诚如哈贝马斯所说：理性"走得越高，就越失去根基，直到最终枯萎凋落，成为隐蔽而异在的源始力量的牺牲品。启蒙辩证法的秘密应该说就表现为自我毁灭的动力"。① 实际上，自笛卡尔的主体哲学开始，在理性的反思与解放的任何发展阶段，都存在着自我神圣化或自我绝对化的趋势。理性的神圣化预示着理性的危机，而理性的危机则与理性的自主性、权威性的不断提升相伴相生。主体哲学要求回到"我思"的动机，集中反映在主体自我在获得了自我意识的同时，也获得了一种主体性与同一性的权威。由于主体哲学中的自我关系把自我认知的主体的同一性设定为绝对的参照系，所以，当笛卡尔要求回到自我中去以及当这种哲学倾向彻底地把自己发挥出来时，本质上是一种纯粹以主体理性的活动为根基，去确定理性主体的存在并将其作为一切知识生成的最终源泉的理性主义。如果说笛卡尔只是把知识的可靠性建基在主体理性的基础上，那么，康德则更进一步把人的一切知识与实践都统一在主体理性的基

---

① 哈贝马斯：《现代性的哲学话语》，译林出版社 2004 年版，第 357 页。

础上。主体理性作为知识可能性之条件，形成给自然立法的理论理性，作为道德践行之必然条件，形成给人立法的实践理性。自然与道德、科学与哲学、理论与实践最终都源自于并统一于一个先验理性。先验理性的自主性与同一性如此发展下去，终而合乎逻辑地在黑格尔的哲学中绝对化与偶像化为理性的神话。先验理性升格为绝对理性并被设想为所有主体理性的基础。至此，理性在自己的本质得到启蒙之后接管了神学的全部内容，并最终真正成为神学的主人。所以，黑格尔说："除了上帝之外，哲学没有别的目标，因此，哲学本质上就是理性神学，并作为真理的奴仆而永远服务于上帝。"①

　　主体理性不仅在自身的逻辑发展中陷入了危机，而且在现实化自身目的性的同时，又破坏了由它自身所激发起来的人性要求，同现代世界发生了冲突。当以主体为中心的理性在自我认识、自我确证中成了宗教一体化力量的替代物时，它就不仅仅是洞察万物本质与意义的力量，并且同时也具有了目的性。从理性的目的性出发去认识与改造自然，去建构国家礼法制度的表现是理性的工具化，那么，以工具理性来实现的对自然界和人类社会生活本身的控制能力的增长，既给人类带来了巨大的物质财富，同时也给人类造成了空前的灾难性后果。理性主体不仅在战争、环境污染、生态失衡等负面效应中自食其果，而且主体理性在把自身客观化为工业化的机器大生产、法制化与集权化的国家体制、现代化与组织化的科层制以及各种社会结构时，却生成了它自身也无法违拗的他律，人的理性主体不得不屈从于它自己的产物而限制了自己的自主性、自由性与独立性。对此，霍克海默在《论理性概念》一书中一针见血地指出：主体理性一旦成为工具，人也就成了手段，成了工具而不再是目的了。这样由启蒙运动开始的基于主体理性、基于主体理性的洞见，来反对神话与迷信的精神要求，到头来似乎正是通过主体理性本身走向了荒谬，即最终反对主体理性与理性主体本身，使之面临着自我毁灭的危险。② 由此，人的理性主体的自由与解放在经历了几度潮起潮落之后，又一次痛苦地发现，人

---

① 参见詹姆斯·施密特《启蒙运动与现代性》，上海人民出版社2005年版，第380页。
② 参见张汝伦《历史与实践》，上海人民出版社1995年版，第299—300页。

并未如其所期望的那样尝到主体理性的胜利果实，相反，却在理性的客观现实中不可挽回地疏远了自己，毁掉了自身存在的自由，而保留下来的自主性只是一个幻觉。如同雅斯贝斯在《时代的精神状况》一书中所揭示的那样："今天，那种想要认识一切的骄傲以及把自己看作世界的主人，从而想要按照自己的意愿塑造世界的妄自尊大，叩响了所有的大门。但与此同时，这类骄傲与自高自大所遭到的挫折又引起了一种可怕的虚弱感。"理性主体"存在的基础仿佛已被打碎"，主体理性唯我独尊的权威性受到了质疑①，理性之光也随之融入无边无际的黑夜之中。

三

现代性根植于主体理性的发展史中，而理性的向前挺进，是一个进步与异化精神共存的世界。理性推进了自身定位，同时也迎来了自身否定的辩证法。理性之光的内在源泉在理性的挺进中不可挽回地被其自身消耗殆尽，自我的自主性、自由性和真理性不再能以自我意识的主观性为基础，现代性的地平线发生了移动，以主体为中心的理性遭到了哲学家们的质疑，打破现代性的理性外壳，重新澄清理性可能性的条件，成为哲学的任务。

纵观西方哲学的发展史，理性的批判曾在康德哲学中发生过。康德的理性批判是针对休谟的问题的，解决认识何以可能，并为形而上学的健康发展奠定稳固的基础。然而康德从理性自身的视角出发而展开的理性批判，其结果是一方面在我思之我的界域内，建构起了一个理性的偶像，另一方面以主体为中心的理性划界又设定了诸如主体与客体、精神与自然、无限与有限、信仰与知识等二元对立与分裂。因而现代西方哲学的理性批判，便把康德哲学作为自己的发端，力图把现代性内部所固有的反话语重新挖掘出来，以揭示作为现代性原则的主体性的狭隘性，从而超越反思哲学的自我意识范式。在现代西方哲学的哲学运动中，分析哲学将以主体为中心的理性形式化、方法化为

---

① 雅斯贝斯：《时代的精神状况》，上海译文出版社1997年版，第3页。

工具理性而使理性主体丧失了自身存在的价值。结构主义以一种结构分析的方法，把主体理性追溯到它的"深层结构"，即一般的自然属性而"把人变成了静止的、不在时间之中的客体"。① 现象学、批判理性主义、存在主义与实用主义等，则从不同的路径去挖掘以主体为中心的理性的开放性、交互性、实践性等多重属性，使主体理性在现代西方哲学的批判性反思中进入了一个新的语境。主体与理性、自由与真理丧失了它的古典意蕴而获得了新的规定性与内涵。

众所周知，在德国哲学界，胡塞尔受启于笛卡尔与康德的主体哲学，但他青出于蓝而胜于蓝之处则在于：不是坚持在"我思"的明证性而囿于"唯我论"，而是基于没有成见的"自我论"力图去超越"唯我论"，从"唯我论的自我学"转向"交互主体性的现象学"。尽管胡塞尔的哲学转向自始至终都基于"先验自我"的直观明证性，并循着"先验演绎"的运思理路，因而在实质上未能够帮助理性主体跨越"唯我论"的孤岛；但是，胡塞尔通过"相似性统觉"以达交互主体的互识；通过"移情作用"以迄交互主体的共识的超越与重构，则意在揭示理性主体不仅仅是一种非实体性的"不被注意的观众的自我"，而且也是一个能够与他我相互确认的"主体间的互识"与共现；主体理性也不只是一个本己的、内在的、封闭不露的"鲁滨逊的体验视域"，同时也是一种由交互主体性构成的"主体际性的世界"。所以，如果说胡塞尔只是提出了"交互主体性"的问题，而没有能够合理地解决这个复杂的问题的话。那么，正是在他的哲学探索的启发下，哲学家们找到了批判与重构主体理性与理性主体的"阿基米德点"。

在对现代主体哲学的批判与超越中，海德格尔的独创性在于把现代的主体统治落实到形而上学的历史当中。同尼采一样，海德格尔也希望从前苏格拉底哲学中取回源始基础，以克服自笛卡尔及康德所建构的意识哲学。海德格尔的哲学本体论转向表明，他所探讨的不是康德的先验主体而是构成主体的本体基础，他所追究的是一种把理性批判与本体论融为一体的思想。为此，海德格尔放弃了形而上学所提出的自我论证的要求，而赋予现象学方法以一种本体论阐释学的意义，

① 克洛德·莱维-斯特劳斯：《结构人类学》，上海译文出版社1995年版，第11页。

即用对"此在"的生存"显现"根据的展示方式取代了"我思"的逻辑推论，用一种"在世"的原本性取代了意识的构成性的原本性；用非理性的实践关涉性取代了理性的认知构成性，人的主体以一种前所未有的新方式突破了主体意识的限囿，而变成融身于他人、他物打交道的共在。进而，人作为被镶嵌在具体生活情景中"在世的存在"，更为要紧的是通过自身的生存样式来开显"存在的意义"和"存在之真理"。在此，人的主体位值发生了根本性的转化，正是在这些转变中，放荡不羁的主体性受到束缚。人从追问"存在的意义"的主体变成了"存在之真理"的看护者；从现实的主人降格为"存在的牧羊人"。人不是实存而是生存，"不止是实存的暴君，而应该被理解为在的穷牧师"。[1] 然而，海德格尔并没有真正走出主体哲学的怪圈。虽然他把认识论的基本问题转换成了本体论问题，探询的是此在的生存论基础，但问题是，"此在"在它自己身上找到了根据："此在只有从在存在中为自己建基的范围中为世界建基。" 从这个意义上看，海德格尔仍然是从主体自我的角度来理解世界，只不过在他的建筑术中，他采用了另一种机制取代了主体，这种机制通过此在的生存论揭示世界以创造意义，从而发挥着自己的积极作用。[2] 在这一建筑结构中，存在的意义问题的探寻、去蔽与澄明等，都必然要为主体留有一席之地。所以，哈贝马斯说："海德格尔只是在宣扬要把主体哲学的思维模式颠倒过来，其实，他仍然局限于主体哲学的问题而不能自拔。"[3]

　　哈贝马斯认为，尽管胡塞尔与海德格尔都拒斥康德建立在先验主体基础上的批判范式，但是他们在抛弃了康德的批判范式之后并没有认同另一个取而代之的批判范式，主体哲学的前提在胡塞尔、海德格尔等现象学家手中得到延续。在他看来，"一个范式只有在遭到另一个不同范式的明确否定时才会失去力量，——只有当一个具有认知能力和行为能力的孤立主体的自我意识范式、自我关涉范式被另一个范式，即被理解范式（交往社会化和相互承认的个体之间的主体间性关

---

[1]　王振林：《解析与探索——哲学视域中的主体际交往》，吉林人民出版社 2001 年版，第 34 页。
[2]　哈贝马斯：《现代性的哲学话语》，译林出版社 2004 年版，第 175—176 页。
[3]　同上书，第 186 页。

系范式）取代时，解构才会产生明显的效果"①，才会出现一种对"自我意识理性范式"的具体批判与超越。所以，批判理性主义的出发点是基于前反省经验基础上的非自我学，即以人的语言对话和交往实践为支点，来同构人的理性与主体，并尝试通过语言的对话活动，把主体与客体、个体与社会、理性与实践等方面的对立统一起来。哈贝马斯抓住天生就与那些通过语言中介的交往行为有关的语用学，从对话和行动能力方面来考察并界定人的主体理性，使主体理性不再是主体哲学以意识作为框架的认知理性，而是通过语言沟通活动，体现在历史、社会、肉身和语言中的"处境理性"。与之相对应，人的理性主体也不再是一个仅具有认知功能的主体，而是一个包容着整个交往与活动的实践主体。正是由于将近代哲学所谓自反省的认知理性能力演变成语言交往的理性沟通能力，每个个体才会在语言交往与沟通中，被埋进相互期望、相互理解和相互肯认的社会交往网络中；每个个体经验的客观性才会一开始便结构性地与主观的、客观的、社会的三个世界相关联；与文化更新、社会整合和个人社会化的需求交织在一起，从而形成先于个体行动又指导其行动的"情境界定"或"知识背景"。与此同时，理性主体则在其情境性介入的"实践理性"——认知与实践双向度的开放性中，既展示出每个主体必然要在语言对话的活动中超越自身的主体性格局，作为"交互主体"或"大型号的主体"而得以存在与发展；也表明社会化的个体作为"交互主体"一开始就是一个交互主体性世界、"一个社会生活世界"。由此可见，随着主体理性的能力由单向度认知与构造向双向度的对话与沟通的转变，无论是主体理性，抑或是理性主体均获得了新的内涵与规定，即对话性与开放性、沟通性与交互性、非构成性与实践性、非反省性与现实性等多重属性。

应该说，法国哲学运动的代表们通过哲学立场的连续性，保持了与他们的德国先驱们的联系。法国哲学家在对交互主体性问题的探讨中，也表现出两种并驾齐驱的发展态势：一种是萨特基于认识主体性的自我学的他者理论；另一种是梅洛-庞蒂基于前反省经验基础上的

---

① 哈贝马斯：《现代性的哲学话语》，译林出版社 2004 年版，第 362 页。

非自我学的交互主体性理论。二者虽然在理论基点、理论建构上各有偏执，但二者的努力方向却是一个，即走出唯我论的困境。但是，由于不同的社会历史经验和哲学理智的影响，其理论建树又别具一格。虽然法国哲学家所关心的问题仍然是交互主体性，以及同性与他者、内在性与外在性之间的关系主题；但是，在对这些问题的思索中，法国哲学的一些主要代表则力求把胡塞尔、海德格尔、黑格尔的学说与存在主义融合起来，同时又力求把胡塞尔的学说与法国本土的笛卡尔主义遗产结合起来，结果不仅进一步将这一问题激进化，从而使其作品更富有启发性，并且最终导致了对这一问题所隐含的诸种悖论的进一步揭示。

　　与欧洲大陆哲学相比，从 20 世纪中叶起，美国哲学从重哲学方法和目标分析出现了重新思考并重铸主体——交互共同体，并将其与哲学方法相联系的哲学发展。概括地说，激发实用主义对交往哲学关注的动因有如下几个方面：首先，缘起于对传统理性基础主义的反思与批判。其次，在哲学研究的方法论方面，实用主义既反对分析方法，也反对"描述"、"解释"的方法，以及由之所产生的对永恒真理，以及不变实在的形而上学求索，而是将认识视为实践的、批判的以及探寻者的追求；把认识过程视为认知主体参与到所研究的事件中，在一个特定的需求语境中认知"事实如何"，以及了解"什么是善"的过程。再次，缘起于对语言交往能力的研究。实用主义认为认知与理解实质上是一种以社会交往为特征的动态学习过程。心灵产生于语言的交流。总体上看，实用主义并没有一个统一的有关交往的理论，然而，这并不意味着实用主义者内部没有共同关注的主题。皮尔士的实用主义本身就是一种对符号进行系统研究的符号学学说。他不仅发现了语言的重要性，探讨了语言应用的逻辑结构，而且在于他对符号的内在模式及其符号理想化的使用方式的研究，既发掘出研究实践和解释实践的共同基础，也为解释交往实践提供了丰富而精微的方法。如果说皮尔士专注的是交流的语言，那么，杜威关注的则是语言的交流。可以说，杜威对交流的兴趣远胜于对语言的兴趣并不是偶然的。后冷战时代美国生活中所凸显出来的民主问题，是其民主交往理论的政治语境，如何拓展一种交往主义的民主模式、营造一种民主的生活条件是其交往哲学的诉求。此外，詹姆斯的符号现象学研究的焦点是符号与符号行为过程中的经验，其目的在于避免规范性的研究所导致的经验与交往、认知与行为相割裂的二元论，揭示人、符号与世界的三位一体关系。因此，符号现象学作为詹姆斯的彻底经验论的一个衍生理论，他的方法是直观和经验，他的目标是描述和批判。米德在社会心理学领域，基于社会行为主义的立场，提出了一种从社会秩序出发的研究方法，成功地分析了语言的机制，并详细阐述了语言符号在心灵、自我，及人类社会生成和发展中所起的重要作用。总之，实用主义的交往哲学是在批判传统哲学的理性主义程序基础上的重新建构。这种建构的共同旨趣是交往的本性和能力等基本问题，其问题的核心是截然不同的交往行动的条件及其后果是什么？在探及这个核心问题时，实用主义者探求了交往的逻辑、交往的目标、交往的过程、交往的效应等，彰显了实用主义交往哲学的理想化策略不是追求语言对"存在"或事物的精确描述，而是在对语言与语言交流的实际关切中，揭示影响主体、心灵生成、保持与深化的构成要件与功能，以说明人与人之间的多元视角何以能够成功地达成协调与共识。

总之，现代性的哲学视域正在移动，这意味着一种新的气候、一个新时代的开始。现代性的根基：主体观念在现代西方哲学的理性批判中，不仅受到了强烈的冲击，越来越失去了它的统摄力量，同时也获得了新的规定、新的内涵与新的生命。无论现代西方哲学的理性批判是否科学地重建了理性的可能性，是否有效地修正了由理性破坏了的、由它自身所激发出来的人性，但至少可以说他们的哲学努力为超越现代性的哲学视野打开了通道。

第一章

德国交往理论

第一节　胡塞尔的交互主体性理论

在 20 世纪，现代西方哲学发生了翻天覆地的变化，这种变化的总趋向凸显为：哲学的目标，目标实现的途径和目标的价值取向都和传统哲学的研究对象、方法和旨趣发生了背离与变革。在这种总的背离与变革的发展趋势中，异军突起了两股哲学思潮：科学哲学和人文哲学。科学哲学高举"拒斥形而上学"大旗，掀起了哲学史上第二次反形而上学浪潮。[①] 这股浪潮将哲学的视角，由传统哲学对世界万物本原的追求，转向为各种哲学的、科学的、常识的知识寻求统一固定而不变的逻辑语言基础；由理性的抽象思辨转向哲学家的分析演算，并迈向语词的意义世界。而与之并驾齐驱的人文哲学，则从传统哲学抽象的精神王国的彼岸踏上了现实生活的此岸，从人及其生存方式来突破传统哲学唯我论的狭隘界限，消解主体与客体的对立；摧毁主体形而上学，建构"主体际性的世界"，使哲学的研究视角转向主体间的共在与共识、理解与交往问题，已成了人文哲学家共同追求的目标之一。而使主体交往问题受到重视并产生极大影响的始作俑者则是现象

---

① 第一次反形而上学浪潮，是指 17 世纪哲学的中心从探讨存在本性的理论，转向 18 世纪探讨人的认识本性的理论，在哲学家史上兴起一股否定哲学本体论的哲学思潮。

1

现代西方交往理论研究

学的创始人胡塞尔。在他的哲学努力和启发下，现象学运动中对交互主体性问题的探讨，呈现出两种发展态势：一种是基于认识主体的自我学的交互主体性理论；另一种是基于前反省经验基础上的非自我学的交互主体性理论。二者虽然在理论基点、理论建构上各有偏执，但二者的努力方向却是一个：走出唯我论的困境。

一 "先验的鲁滨逊"

通常误以为，"交互主体性"课题的提出是胡塞尔晚年试图克服其早期理智上的自我封闭，走出唯我论的狭隘圈套的哲学尝试。实际上，这一课题既是胡塞尔毕生不懈努力论证并力图解决的"令人头痛而又使人困惑"的问题之一，也是其思想内在发展的一个必然结果。对胡塞尔来说，正是有了对"最底层的先验现象学"的"先验的自我"打破砂锅问到底的格物穷理，同时也就具有了寻求"由先验的自我论通向先验的交互主体性的进一步途径"的意向。无此，则不是"一门完整的先验现象学"。所以，"交互主体性"这个问题，对于胡塞尔来说，既是现象学必须完成的一项工作，也是一项事关先验现象学成败的事业。为此，胡塞尔开创了哲学史上"先验的鲁滨逊"跨越"先验的唯我论"的孤岛，通达"主体际性的世界"这种艰辛而又困难重重的理论探索。

首先，是对笛卡尔哲学的继承与超越。现象学的"原初性还原"是胡塞尔解决交互主体性问题的一个首要的基本研究方法，经由"原初性还原"的"悬搁"而剩余的"纯自我"的意识领域，是其通达与他人交互互识、交互共识的无可置疑的阿基米德点。这个"原初性还原"和出发点的确定，"在某种程度上是对笛卡尔——现象学还原的重复"和变异。在胡塞尔的视界中，笛卡尔不仅是近代客观主义的理性主义的创始人，也是破除这种理性主义的超验主义动机的奠基者。笛卡尔通过普遍怀疑式的"中止判断"，对一向被当作毫无疑问的、不言而喻的感性经验世界和一切从它那里派生出来的非科学的、科学的思想生活的有效性质疑，以及向"我思"这一绝对必真的自明性的存有领域的回归，不仅"是一种'认识批判史的开端'，而且是一种对客观的认识进行彻底批判的历史开端";① 不仅由此开创了一个古人不知道的空前彻底的"中止判断"和确立了"它的自我存在"这一绝对必真的自明性的"哲学的新时代";而且提出了一种在"自我"的主观性中寻找世界和客观真理的最终根据的"哲学研究的全新方式"。这种回到自我,在自我的主观性中寻求一切科学知识最终根据的哲学研究方式的动机,在胡塞尔的哲学中充分显示并发挥了它的内在力量。如果说笛卡尔"中止判断",对一向被当作毫无疑问的、不言而喻的感性经验世界和一切从它那里派生出来的非科学的、科学的思想生活的有效性质疑,以及向"我思"这一绝对必真的自明性存在领域的回归,不仅"是一种'认识批判史的开端',而且是一种对客观的认识进行彻底批判的历史开端",由此开创了一个古人不知道的中止判断和他的自我,并在自我的主观性中寻找世界和客观真理的根据的"哲学的新时代";那么这种回到自我的动机,在胡塞尔的哲学中充分显示了它的内在力量。如果说笛卡尔通过普遍怀疑的特殊方式确定了"我思"的明证性;那么,胡塞尔则通过"原初性还原"确立了一个无成见的"原本意识"的明证性。如果说笛卡尔的"我思"是经过与客观世界、与情感意志的双重剥离,而又与客观世界相对立的理性原则;那么,胡塞尔的"原本意识"则是在排除了所有那些对我而言的"陌生之物","悬搁"了一切哲学的、科学的、日常生活的"超越之物",而使之统统"给予无效的标志",从超验转向先验的逻辑起点。如果说笛卡尔通过"我思"进一步确定的主体——"我在"是一个与物质实体相对立的心灵实体,从而打破了"我思"存而不论的一致性,陷入了心物二元论;那么,胡塞尔则通过"现象学的还原"、"本质的还原"、"先验的还原"的重重自我分裂,最终"沉淀"出的"我思的剩余"——"先验的自我",则是一种无法用语言表达的、隐蔽的"不被注意的观众的自我",一种非实体性的意识功能或意识意向性,并始终贯彻着主体意识的一元论。由此可见,对笛卡尔来说,通过普遍怀疑的中止判断,是为了逻辑地推论出上帝、物质实体和心灵实体的"超验之物",其哲学是一种经由"我思"的全新方式,去

① 胡塞尔:《欧洲科学的危机和超验现象学》,上海译文出版社1997年版,第91页。

建立一种绝对没有怀疑的存在领域的"纯粹的客观主义";而对胡塞尔来说,通过现象学还原的"中止判断"是为了追本溯源,从作为纯粹自我的"现象"世界出发,向内追问它是如何通过这个自我,所实际展示出来的内在性或构成性基础,其哲学是一种经由纯粹的返观内省去寻觅一种没有任何成见且有效地发挥着作用的"纯粹自我"的主观主义。因此,从积极方面看,胡塞尔汲取了笛卡尔不作任何预先假设的激进主义,及其追溯一切真正的科学认识的最终有效性的源泉和由此出发绝对地奠定它们基础的目的,要求转向研究主体,要求回溯到那个在其内在怀疑中进行认识的自我上去的全新研究方式。从消极方面看,他却不能苟同笛卡尔用这种"哲学研究的全新方式"去为他所坚持的"纯粹的客观主义"作主观的论证,用"精确科学"对形而上学提供"绝对知识的保证"。胡塞尔一针见血地指出:笛卡尔的根本缺陷在于没有意识到从自我出发推论出来的存在,并未消除自我的特征而带有自我的痕迹,不知道像"我"和"你"、"内在"和"外在"诸如此类的区分,都是"绝对自我"构造的产物;不理解在这样一个"中止判断"中所发现的自为存在的自我之外,是不可能有其他同类自我的存在。因此"可以理解,为什么笛卡尔匆匆忙忙地论证客观主义和精确科学对形而上学绝对知识的保证,而不向自己提出系统地研究纯粹自我的任务,包括研究属于这个自我的活动、能力,以及它通过这些活动和能力所产生的作为意向的成就的东西"。① 笛卡尔对客观主义的强烈兴趣,致使他对"自我"这一伟大发现的整个收获,由于这种荒唐的曲解而失去了它的意义。因此,胡塞尔紧紧锁定"人们已经不再能够逃脱"的"我思"之思,使先验现象学彻底地回到并立足于作为纯粹意识或先验自我这个"自在第一性的""主体性",试图能纯粹地从这个自我方面开拓出哲学的奇迹。

其次,是对康德哲学的改造与发挥。胡塞尔受启于笛卡尔的认识批判的第一出发点,但并未停留于此,而只是把它当作从前哲学态度转向哲学态度,从意识之外的存在转向意识之内的"实事本身",进入"哲学希望之乡"的准备阶段。在此,胡塞尔在康德"先验的主观

---

① 胡塞尔:《欧洲科学的危机和超验现象学》,上海译文出版社1997年版,第98页。

主义"之说中看到了希望。可以说，笛卡尔的哲学使胡塞尔明白了认识批判如何确立的问题，康德的先验哲学则使他明白了为何进行认识批判的问题。现象学向着意识内在本质的"先验"处的穷根究底，可以说是康德"哥白尼式革命"的贯彻和遗韵。如果说康德的先验统觉自始至终都受制于"物自体"在人的经验中所"现"之"象"，那么，胡塞尔则在彻底"革"掉了包括"物自体"在内的一切"超越之物"之后的先验自我的"体验"中，自身被给予性能够伸展多远，"现象学的领域，即绝对明晰性的领域，真正意义上的内在领域也就'伸展'的多远"。① 如果说康德通过理性的批判，揭示了悟性作为逻辑的判断机能在对感性对象关系中的先验综合能力的客观有效性，那么胡塞尔则在对意识和意识活动的本质直观中，揭示了意识在对意识对象"体验"与直观中，不只是"指向"而是"构造着它的对象"的意向性、超越性与创造性的客观有效性。在一定意义上，康德体系是一种在反对以心向外的哲学和科学的客观主义的斗争中，返求内心，回到一切认知对象的主体根据中去的"超验的主观主义"哲学，并被胡塞尔誉为是自笛卡尔以来第一次产生的一种伟大的、系统地构筑起来的"科学的哲学"。然而，尽管如此，在胡塞尔看来，康德的"超验哲学"还远没有完成对哲学、一切科学的总体奠定真正彻底的基础的任务。因为，康德不仅从来没有介入笛卡尔基本问题研究的最深处，而且康德的问题集也没有引起他对主体的深度作出最终的论证和决定，他的客观的科学的方法仍然建立在一个从来没有被提问过的、深深地隐藏着的主观基础之上。所以，胡塞尔的哲学使命则是沿着康德哲学之路，回到"先验"哲学的实际的和真正的存在中去，回到它真正的开端中去，即回到作为最初源泉起作用的主体上去。胡塞尔的这种哲学取向，应该说是一种由笛卡尔肇始的近代哲学所追求的动机；是一种认知者对自身进行反省，对自身的认知生活进行反省，并使哲学回到自身中去的动机；是一种追索一切知识形成的最终源泉的动机。这种动机开创了一个新的方向，提出了一个新的概念，这就是使人们从传统的主客体关系的模式中跳出来，转向对于纯粹意识的内在过程和

---

① 胡塞尔：《现象学的观念》，上海译文出版社 1987 年版，第 14 页。

内在机制的探索，搞清楚"自然生活和它的主体性最终是什么，也就是纯粹作为主体性，作为有效性而发挥着作用的主体性最终是什么"。①

毋庸置疑，胡塞尔的"现象学可以说是一切近代哲学的隐蔽的憧憬"，是笛卡尔以"客观主义"为显学的近代哲学，又由笛卡尔开始，经休谟至康德对"客观主义"哲学信念的历史颠覆的延续。它更加彻底地贯彻了有关先验现象学的"主体性"的逻辑一致性，在将包括物自体在内的一切"超越之物"给予无效标志的前提下，开辟了纯粹自我作为意识体验的统调者，或意识行为的"执行者"，构造先验事物和由这些事物组成的自然视域的英雄壮举。但是，当这个意识体验的统调者作为纯粹自我，作为"先验的鲁滨逊"，在与世隔绝的"先验的意识领域"的孤岛上"没有成见"、"没有前提"、没有任何其他主体的存在，无所顾忌地构造为其所"体验"的对象世界时，同时也召唤出了唯我论的幽灵。这个貌似荒诞不经的"我思"的"唯我论"，可以说是先验现象学追求哲学开端的严密性、彻底性和明晰性的自然而然的结果；是身为哲学家的胡塞尔"须臾不能忽略的事实"，并必然要面对的"牛鬼蛇神作祟的黑暗角落"。在此，问题不在于坚持"我思"的明证性、彻底性而囿于"唯我论"，关键在于基于没有成见的"自我论"去超越"唯我论"，以便清楚明白地去阐释"先验交互主体性"的可能性及其先验功能。所以，从"单个的主体"向"复数的主体"，从"唯我论的自我学"向"交互主体性现象学"的扩展，对诸如"生活世界"、"客观科学世界"、"社会世界"、"文化世界"等这样一些与人的现实存在有关的客观世界提供"原本性"和"原本构造"的企图，应该说是胡塞尔先验现象学的题中应有之义。

二 "先验的鲁滨逊"超越"先验的唯我论"

胡塞尔受启于笛卡尔、康德的主观主义的哲学，那么，试图突破主观主义唯我论，则是胡塞尔青出于蓝而胜于蓝的又一高明之处、发展之处，也是胡塞尔超越传统哲学认识论仅限于我作为一个主体是否

---

① 胡塞尔：《欧洲科学的危机和超验现象学》，《胡塞尔全集》第六卷，第159页。

以及如何能够认识客体，即认识何以可能的问题，思维与存在、主体与客体能否统一的问题的哲学创举。

胡塞尔在先验现象学中解答了认识何以可能的问题之后的新的认识论问题是：首先，我作为一个鲁滨逊式的个体存在是否，以及如何能够认识另一个主体的存在，另一个主体的存在如何能够成为对我有效的事实？其次，我如何能够超出我的直接世界视域而通达他人更为普遍的间接世界视域？前者是交互主体互识是何以可能的问题，后者是交互主体的共识是何以可能的问题；前者旨在分析描述从"单个的主体"的"先验现象学"向"复数的主体"的"交互主体性现象学"的过渡，以突破"唯我论的自我学"，后者则意在说明各主体意识之间的可涉性、共通性及其先验的客观有效性，以为人类历史、社会现象、客观世界提供一个客观的、"原本性"的人性基础。在此意义上，前者是注重理论描述的现象学，后者则是具有实践意蕴的现象学。但是，就二者意在揭示两类问题的先验可能性而言，它们又同属于一个先验哲学。

如何从一个本己的、内在的"鲁滨逊的体验视域"出发并超越自身去确认另一个主体的存在而使之成为对我有效的事实？我与他人之间如何能够互相理解并形成对同一个意识对象的共识？在此，交互主体的互识和共现、理解和共识是何以可能的解答，实际上，一方面是胡塞尔对意识和意识活动分析的继续和发挥，另一方面也是从"原初性领域"出发去构造一个较之对单纯"他物"的构造要复杂得多的意识对象。"先验的自我"作为"原初性还原"的最终产物，是一种非实体性的"不被注意的观众的自我"。这种自我先天地具有一种指向、统摄意识客体的意向功能。意识的意向性本质表明：意识不是"总是关于某物的意识"，而是"总是在构造着它的对象（客体）"的意识；意识的构造性功能表明：意识不是封闭不露的、赤裸裸的"白板"，意识总是在其"体验"中超出本己的领域而达到陌生的领域并赋予"陌生之物"（意向对象）以意义。意识的意向性、构成性和超越性不仅可以构造出先验的事物和由这些事物所组成的"为我所经验到的自然"视域，同样可以构造出"他人"或其他主体，构造出由主体自我和其他主体所组成的社会视域。

首先，在排除了他物、他人及其我自身存在的本己的、内在的体验领域，我体验亲知到我自身是一种"意识与身体联结"的灵与肉的统一，是一种完整单子的我自己。其次，通过一种类比性知觉或"相似性统觉"，类推出他人活生生的肉体存在，类推出一个对立于我的、具有同样灵感本质或自我本质的他人存在。与此同时，他人的存在又使我从他人联想到我自身，从自身的"这里"想象到在他自身的"那里"。由此完成了自我与他我相互确认的单子式的存在或"主体间的互识"与共现。然而，对他人肯认的主体间的互识，并不意味着"交互主体性"问题的解决，仅仅意味着把握到了解决问题的切入点。进一步的关键问题乃是：我如何能够从我的直接视域进入他人更为普遍的间接视域，以形成对一个对象或世界的共识？以胡塞尔的提问方式则是："作为我的周围世界的主体，作为体验着这个现象杂多性并且经验着它的客观世界的主体，我是否能够以原本的方式拥有另一个主体。或者说，拥有它的现象的杂多性、它的客观世界？"① 对这一问题解决的逻辑步骤为：通过一种把自己放在他人的地位上去理解他人的"移情作用"，进入他人以其知觉包裹起来的原初领域，形成一种更高层面的"意向性的自我——主体的交互渗透和他们先验生活的意向性交互渗透"，达到一种对同一个对象之总和世界的心灵共识。各个孤立的单子或"两个唯我论的主体"之间之所以能够沟通和实现共识，其前提条件为：首先，有赖于各个单子主体及其各个主体直接世界视域的构成。因为，"交互主体的世界"必须奠基在各个单个主体的世界之上，亦即主体际普遍的间接世界视域必须奠基在自我的直接世界视域之上。其次，有赖于一个明证的常识，即"单子之间的前定和谐"，"只有当两个主体在其发生方面处于一种'前定和谐'中，以至于每一个主体在自身中都有、必须构造出'陌生身体'，而且每一个主体都能够并必须将它们立意为陌生主体的身体，并且，与此相一致，只有当事物显现的过程在两个主体中具有协调，这种协调使得相互的同感成为可能，只有这时，这一个主体的世界才同时也是另一个主体

---

① 《中国现象学与哲学评论》第一辑，上海译文出版社 1995 年版，第86—87 页。

的世界，而另一个主体的世界也同时是这一主体的世界"。① 单子之间的前定和谐作为明证性的常识，归根到底有赖于诸单个主体的意识的意向性；有赖于意识活动的"统觉"或共现能力、超越能力和构造能力。意识的共现能力、超越能力和构造能力，使每个单子式的存在主体所直接直观到的有限经验世界，能够不间断地发展、前行、积累、沉淀在时间、空间上无限的世界；使每个单子主体彼此能够通过"认同性的综合"、"同感"这种移情作用的方式，让完全相异的互不相通的陌生世界，随着陌生主体的被给予而在我（或他）的纯感性的、原初性的本己的世界一同被展示、宣报、共现出来。这样，必然会形成各种原初视域的融合，形成一个与作为自然科学研究对象的客观世界、与单纯的唯我论的主观世界相区别的匿名的、对多数人有效且被共享的"第三世界"，即一种由交互主体性构成的客观世界。由此推而广之，其他类型的交互主体性团体也可以从这种共现的框架中推导出来，从而使我们体验到的世界不是我们自己的私人世界，而是一个"主体际性的世界"。然而，在严格的意义上，这种"主体际性的世界"或"先验的交互主体性"，归根到底只是由我自己的意向性之源生成的。

三　"先验的鲁滨逊"的南柯一梦

从对主体自识的可能性分析为出发点，中经对主体间互识的可能性分析，最后到对交互主体共识的可能性分析，整个思路的进展都是循着胡塞尔称为"先验演绎"的道路，而这条道路的铺展则自始至终奠基于"先验自我"的直观的明证性上，并由"先验自我"的意向性构架起来。因此，意识的意向性并未帮助"先验的鲁滨逊"摆脱现象学唯我论的孤岛，而只是在意识的共现联想中的南柯一梦。

因为，第一，意识的意向活动，即意识的共现性、超越性和构成性始终贯穿在主体意识以及主体的互识和共识之中，这就使从其无可置疑的自我的原初领域出发，中经类比性知觉到移情作用的反省层次的整个探讨过程，都未撇开绝对主体性这一基点。绝对主体作为排除了包括他人主体在内的一切超验之物，并贯穿在诸种意识活动中的

---

① 《中国现象学与哲学评论》第一辑，上海译文出版社 1995 年版，第 88 页。

"我思"，必然使先验现象学突破理智独白的"唯我论"的努力变为：他人的存在是从我自己的主体发出的类比性投射而被推演出来的，因而他人的存在最多也只是我自身的投射，而不是另一个自我。主体际性的世界是由我自己的意向活动建构起来的，因而这种交互主体性只是我思主体的一个膨胀，而不是客观化了的物质自然与人类社会的总体对象视域。第二，先验现象学从一种无立场、无方向、无前提的认识论的方法，要求回到"实事本身"上去。但是，朝向实事本身，实际上是在实事的被给予性中探讨它们并且摆脱所有非实事的成见，只把握明证的、自身被给予的东西。因此，当胡塞尔将明证的、自身被给予的东西作为本质直观的对象或实事本身，从中分析把握作为先验可能性的体验本质和本质联系（本质结构）时，活生生的现实生活也就被排斥、被去除掉了。所以，当胡塞尔沿着传统哲学认识论的方法论又试图超越他的"方法论的唯我论"，而发展出现象学方法的"明证性的原则"；在"明证性的原则"基底上，从客体的构造分析过渡到其他主体的构造分析，从单个主体扩展到复数主体，并试图为诸如"生活世界"、"社会世界"、"客观世界"和"文化世界"等这样一些与人类现实存在有关的世界提供本质说明时，这种"绝对的理论明察"仍然未摆脱传统哲学的理论意义。在本质上仍然是康德所说的那种"纯粹理性的规律"，仍然与黑格尔所提出的"自身意识的实现"思想并行不悖。"交互主体性"理论所意在说明人类社会历史、社会现象的实践目的，则在"绝对的理论明察"的认识旨趣中，失去了对"人类此在的整个实践的全面改变"，对"整个文化生活的全面改变"的现实的、直接的兴趣。如此一来，其哲学在本质上如同传统哲学一样，只是说明世界而不是改变世界。在这个意义上，胡塞尔"交互主体性"概念只是一个先验哲学和理性批判的概念，而不是社会哲学的概念。

　　显而易见，追求方法"明证性的原则"，是胡塞尔对"交互主体现象学"研究的第一个法则，而坚持方法的"明证性的原则"，又使其囿于"绝对的理论明察"而难以克服传统哲学"认识论的唯我论"。因此，对胡塞尔事关先验现象学成败的课题——"交互主体性"的论证分析道路以及它所达到的目的，现代西方哲学家普遍认为是不成功的，其观点也遭到来自现象学阵营内部和外部的哲学家们的批评。胡塞尔的门生和社会现象学家阿尔弗莱德·舒兹在《胡塞尔先验的交互主体性问题》一文中，不仅简明扼要地阐述了胡塞尔先验的交互主体性理论的各种论点，而且对其理论运思的每一步骤："原初性还原"、"类比性知觉"和"移情作用"逐一作了批评性的评价。这种整体的批评分析导致了如下一种结论："胡塞尔按照先验自我意识的作用来说明先验交互主体性构成的尝试没有成功。"① 依舒兹所见，一种绝对单子式的绝对主体性的概念，只不过是一种唯我论的同义语，它无法使人理解绝对单子式的"先验自我"的构造活动，何以能够渗透于"先验的我们——关系"的视域中。由此证明了下述推理："交互主体性不是一个可以在先验领域之内得到解决的构成问题，而毋宁是一种生活世界的实料。它是这个世界中人的实存的基本本体论范畴，因而也是所有哲学人类学的基本本体论范畴。"② 不仅胡塞尔的学生，就连"胡塞尔本人也觉得，对'他人'这个现象所给予他带来的问题，他的解决是不能令人满意的。无论他怎样努力用'先验的单子共同体'的设想来消除人们对他一再所做的先验唯我论的指责，他最后仍然没有根据他的笛卡尔前提达到这样一个目的，即将本我与其他本我事实地、共同地并列在一起"。③ 哈贝马斯的批评则反映了来自现象学阵营外部大多数哲学家的看法，他说："胡塞尔本人（在《笛卡尔的沉思》中）曾试图从自我的单子论成就中推演出主体之间的交互主体关系，这些主体在它们视线的相互交叠中得以相互认识并且构造出一个共同的世界视域，但这种尝试失败了。"④ 显然，从"先验的自我"推导出所有认识与思维的交互主体性，这是任何一门认识现象学都具有的极为难以解决的基本问题。

　　诚如雅斯贝斯所说的那样，"哲学就意味着：在途中。它的问题要比它的回答更根本些，而每一个回答都会成为新的问题"。如果说

---

① 弗莱德·R. 多尔迈：《主体性的黄昏》，上海人民出版社 1992 年版，第 72 页。
② 同上书，第 72 页。
③ 倪梁康：《现象学及其效应》，生活·读书·新知三联书店 1994 年版，第 153—154 页。
④ 同上书，第 152—153 页。

胡塞尔只是提出了"交互主体性"问题，而没有解决这个复杂的问题，那么，在此，他的哲学正体现了"哲学家的本质不在于掌握真理，而在于寻找真理"①的意蕴。通观胡塞尔的一生，他曾与唯我论的圈套和理智上的自我封闭进行着顽强不屈的斗争。在他孜孜不倦的哲学努力中，危机攸关的问题是认知的客观性和达到一种普遍共享的主体际性世界。诚如他不厌其烦地所强调的那样，唯有一种具有坚实根基的交互主体性框架，才能给各种命题的普遍有效性提供一个可靠的基础；才能给人类历史、社会现象、客观世界提供一个客观的、"原始性"的人性基础。从这种意义上说，内蕴在胡塞尔"交互主体性的现象学"中的"自我学"并不是一种对主观主义的辩护。从另一种意义上说，在他的哲学探索中，"正是这个'先验自我论'的缺陷才导致了在胡塞尔以后的现象学家那里产生出改造他的理论的关键性动机，并且也导致他自己不断地做出各种'更原初地'思考他人问题的尝试。进一步得到发展的现象学加强了这种趋势，因为它将理性解释为在具体生活中的意义构成"②。因此，继胡塞尔之后，哲学家们一方面力图拆除他交互主体理论中的那种自我学的支撑点，另一方面又继续着他在意向性研究中所体现的对整个人类理性发展的再反思、再批判的工作。

海德格尔首先"背叛"了其师胡塞尔的"正教"，在摧毁传统哲学主体形而上学的灰色理论，建构现代生活的常青生活之树的激情中，谱写出了理性与激情、思维与生活融为一体的"现象学变调曲"。经由伽达默尔、哈贝马斯的继承与发挥，在20世纪形成了德国哲学的两个重要的思想运动，即海德格尔基于"此在"原初层次上的"存在现象学"或"此在现象学"，伽达默尔基于"生命的客观化"之普遍的、间接的视域基础上的"解释学的哲学"或"哲学的解释学"的异曲同工的非自我学的现象学运动，哈贝马斯立足于"大型号的主体"——交互主体的共存与对话基础上的西方马克思主义运动。而他们在法国的理论代表萨特和梅洛－庞蒂则分别从"存在遭遇"和"肉体的存

---

① 倪梁康：《现象学及其效应》，生活·读书·新知三联书店1994年版，第170页。
② 同上书，第154页。

在"入手，沿着自我学和非自我学的理论思路，阐释了交互主体理论，使现象学在与法国的交融与变革中，既形成了萨特的"行动的存在主义"和梅洛－庞蒂的"知觉现象学"，同时又开辟了现象学结构主义的先河。与此同时，现象学以及由此建构起来的"交互主体性"理论直接或间接地也影响并启发了英美分析哲学家维特根斯坦，由他开创了立足于语言哲学基础上的理解观，成为英美分析哲学的主导趋势。在这个意义上，胡塞尔不仅为自己的"交互主体现象学"找到了理论建构的阿基米德点，同样，他的"交互主体现象学"也成为以后哲人批判，并建构形形色色哲学的阿基米德点。

第二节　海德格尔的准本体论的共在理论

当现象学大师胡塞尔依旧盘桓于德国传统意识哲学的王国，用"自我意识的理性范式"来消解主体自我的独白，建构他的"主体际性的世界"，而终未能够摆脱唯我论的幽灵时，从现代的"时代精神"中找到感觉的海德格尔，则怀着生活的激情，将现象学引以为自傲的"面向实事本身"的方法论原则，从胡塞尔对"纯粹意识"实事的眷顾转向对"此在"的"存在与存在结构"的探寻，率先在现象学运动内部奏响了"胡塞尔正教"的"最新变调曲"，使现象学这种研究的探究方式，在对"此在"生存状态的缜密分析中，拓展出一片融理性与生活于一体的"共在"天地。

一　"胡塞尔正教"的"最新变调曲"

海德格尔偏离其师胡塞尔思想轨迹之"点"，发轫于对其交互主体性理论中存在的自我学观点的识认和不满。他不满把排除了一切其他主体性与客观性、实体性与现实性因素，而只具有意向性、构成性的单子式的我思主体作为架构"主体际性世界"的出发点和支撑点。认为这种循着"我思"之路试图走出自我中心困境的哲学努力，无论从理论的方法论原则，抑或是从日常生活的现实看都是行不通的。首先，如果对"一种个人的存在"问题没有明白无误的论证，那么，就容易把自意识当作预先给定的孤立的主体，而把给定的孤立的自我主体作为通向根本不露的其他主体的桥梁并产生"共鸣",这不仅仍囿于"思维主体",未从根本上动摇传统哲学的唯我论,而且,一个人的作为"此在"对其本身的关系,是如何向他人之为他人展开出来,仍然是一个未解之谜;其次,在日常生活的情景中,根本不存在所谓既定的无世界的纯粹主体,同样,谁也不能把自我作为一种无他人的既定的孤立的自我。如果这样,当我把自己一厢情愿地投射"到一个他人之中"去时,他人作为自我投射的"复本"或虚构的存在,与我的实在自我的同一仍是一种幻想。即使我可以构造并设定他人当下的存在,设想和同感他人的存在本质;但他人对我来说永远无法成为我的绝对的"这里",而始终是绝对的"那里",永远是不同于我的"他",不同于"本己自我"的"陌生人"。因此,设想从一种绝对的单子式的孤立主体出发,并通过主体自我的"移情作用",进入他人以其知觉包裹起来的原初的领域,通达"别人的灵魂生活",形成一个既不同于我,也不同于他人且被共享的"主体际性的世界",仅仅是一种理论上的专题铺展,这种理论铺展的可悲之处在于志在消除主体自我独白的这种哲学努力,最终又召唤出一种具有意向性、构成性的"先验自我"的幽灵。

拆除胡塞尔交互主体性理论中的自我学的支撑点,克服传统哲学的自我中心论,这就要求首先在理论原则上,从生存论存在论中来弄清"一种个人的存在"的源始存在方式;从方法论原则上,采用显露根据的展示方式,而放弃那种"用关于纯粹现成东西的某种理论认识的毋庸置疑的确定性",来进行论证的推导方式。这就是说,把源始开展活动之可能性给予"此在"本身而不是"我思",让"此在"自己解释自己,即让"此在"像其通常所是的那样显示这个存在者,在其通常的日常生活中显示这个存在者。从此在的日常生活入"问",就可以揭示"此在对其本身的关系向他人为之他人开展"出来之谜,以及揭示"存在者之存在"。

基于这一理论的方法论原则,海德格尔在理论架构的基点上,以"此在"取代了胡塞尔的"先验的自我",并作了很大努力去剥离人的主体性内涵。他将人的自我性变成为"在世的存在";将单一的意识的意向性结构变为具有"理解"、"忧虑"与"生存"的三重本质规定性的"此在"的存在结构；将人的先验意识的构成性变成了"此在"在其现身的情态和领悟中的开放性；将"先验的鲁滨逊的体验视域"变成了理解的"此在"在其"释义"，在其言谈的"说"与"听"中道出自身的"共同领悟"和"共同存在"的生存状态。易言之，海德格尔力图用一种"在世"的"有情绪"的"言谈的动物"来取代那种超世的抽象的"理性的动物"，用"此在"生存的原本性取代意识的"意向性"的原本性，用对"此在"的生存分析取代基于"我思"的逻辑推论，以摧毁胡塞尔交互主体性理论中的自我学的支撑点，超越传统主体形而上学，在"此在"这种非自我学的"在世的存在"的基点上，建构一种具有准本体论特征的共在理论。

首先，海德格尔不是从自我学的前提出发而是从前自我学的，不是从理性而是从非理性的维度来界定"此在"。正如海德格尔在《存在与时间》一书中反复论证和阐明的那样：人的实存并不是自我的主体自律性，而毋宁是为"存在"所塑造。根据同样的理由，"此在"不可能是"思维的实体"（笛卡尔）、"先验的或逻辑的主体"（康德）以及清洗掉一切实体性、客观性的超验的"意向性主体"（胡塞尔、舍勒）。归根到底，"此在"不可能是自我、自我性或主体性的同义语，就像这些术语在传统的使用意义中那样。在他看来，假如把自我性看作"此在"的主要特征，那么，自我性在本源意义上既不是自我的物质性，也不是自我同一的主体性，同样也不是灵与肉综合的精神，而是"在世的存在"与生存。因此，与从自我学前提出发的观点相反，研究自我的问题的"唯一适当的通道"，"决不允许用关于纯粹现成东西的某种理性认识的毋庸置疑的确定性来衡量现身状态的'自明无误'"，① 而应是基于"此在在世"及其"存在样式"的生存论存在论的研究方式。在海德格尔看来，就自我作为"此在"是"一种在世的存在"而言，表明人并不首先是一个孤立的认识主体，首先理解自己的存在，然后寻求对客观世界的证明。"人从来就不是简单地或原初地作为具体主体与世界并列，无论人是单个或群体，都是如此。他原则上不是或不是一种其本质存在于主体—客体关系中的意向地指向

---

① 海德格尔：《存在与时间》，生活·读书·新知三联书店1987年版，第167页。

客体的（认识论的）主体。相反，人在本质上是首先存在于存在的开放性中……"① 所谓存在的开放性意味着"此在"在它的原初存在中，早已总是"有情绪的"无所反省地委身任情于、现身于它所烦忙的"世界"，从存在论上组建着此在世界的敞开状态。世界、共同此在和生存都在"此在"以情绪方式的源始开展中，被同样源始地展开了。所以，在海德格尔那里，他既否认单一性的意向性是"存在的基本结构"，也否认意向性分析穷尽了对人类意识本质的认识。在他看来，"理论"和"实践"都是一个存在者的存在的可能性，这个存在者的存在必须被规定为忧虑，即必须把人们"最熟知和最日常的东西：情绪和有情绪"这种现象视为此在的基本生存方式。因为相对于情绪的源始开展来说，认识的各种开展之可能性都太短，只有在情绪中，此在才会被托付给不得不在的那个"此"；"恰恰是在对'世界'的这种不衡定、随情绪闪烁的看中，上手的东西才以其特有的世界性显现出来，而世界之为世界没有一天是一成不变的。理论观望总已经把世界淡化到纯粹现成东西的齐一性中了"。② 所以，从生存论存在论原则上看，实际上必须把原本的对世界的揭示留归"单纯情绪"。"忧虑"或"担忧"作为"此在"的本质结构，较之人的意向性具有更深刻的原本性。那么，此在作为一种有情绪的造物，必然会借助于它被抛入的现身状态，寻视而烦忙着让某某东西来照面而具有牵连的性质，使世界在结构上显现为各种存在领域或各种存在模式，即通过"忧烦"与他物打交道的环境世界；通过"忧心"与他人打交道的共在世界。由此可见，世界的这种属于"在之中"的先行展开状态，是由此在有情绪的现身参与规定的。同时，"此在"在有情绪的现身参与中，也获得了它的"存在结构"和整体性，即从本体上看，"此在"在其存在中是"已经先于它本身的存在"，是"已经被抛到一个世界之中"的存在，是与其他存在者相遇的"在之旁的存在"。从这个存在结构出发，"此在"的主体存在特征也便昭然若揭了，人的主体性的本质结构不是理性的认知构成性，而是非理性的实践关涉性，"无世界的单

---

① 弗莱德·R. 多尔迈：《主体性的黄昏》，上海人民出版社 1992 年版，第 43 页。
② 海德格尔：《存在与时间》，生活·读书·新知三联书店 1987 年版，第 169 页。

纯主体并不首先'存在'，也从不曾给定。同样，无他人的绝缘的自我归根到底也并不首先存在，"①"此在"在本质上就是存在于世界之中。世界内在地渗透着此在；人和世界的关系是一种非理性的、前反思的同样源始地展开的相互包含、相互渗透的关系，而非一种理论的反思的、"由静观来发现的"主客体相互矛盾、相互对立的关系。

其次，从一种生存论上来阐明"此在"与他人的"共同存在"和"共同领悟"，而不是从"方法论的唯我论"出发来逻辑地设定我与他人的互识和共识。在海德格尔看来，"在世的存在"作为此在的基本机制，同时也表明"此在本质上就自己而言就是共同存在"。共同存在并不是从存在者状态上断称：我实际上不是独自现成地存在，而是还有我这样的他人摆在那里。共同存在不是靠许多"主体"一同出现，并现成地摆在那里或存在在那里则变为现实。如果"此在的在世本质上是由共在组建的"这一命题就是指这种意思，那么，这种每次都根据他人的出现而定的共在，即使有 10 个人以及更多的人现成地摆在那里，也消除不了我的"独在"。消除"此在"独在的共在只能从一种生存论的意义上来理解，即借"此在""在世的方式"和具有世内照面的存在方式来理解"共在"。所以，海德格尔对"共同存在"的描述具有一种强烈的世界性和实践性特征。在海德格尔看来，此在只有在它所经营、所需用、所期待、所防备的东西中，即首次被烦忙地从周围世界上随手触及的东西发现和领会"自己本身"。同时，此在又在日常生活情景及操作设备的劳作过程中，遭遇到融身于烦忙中的他人。他人和我的此在一样，按照作为此在本身存在这样一种存在样式，既不是"在手的也不是应手的"，而是在他们有所烦忙的"烦神"或"工作中"来同我的此在"照面的"。这表明我与他人、他物的关系缠绕并产生于日常事务和对具体器具的日常实践中；表明世界之为世界的结构意蕴着：他人不能简单地被联想到一个首先只是现成的物件上，也不能作为飘飘荡荡的主体现成地摆在其他物件之侧，等待着我单方面去发现它们，去与之打交道；也不等于说是在我之外的其余的全体余数，成为自我—他人的对立，然后作为一种兀然特立的

---

① 海德格尔：《存在与时间》，生活·读书·新知三联书店 1987 年版，第 143 页。

主体的派生物而被置于集体中，他人是以他们烦忙于周围世界的存在方式，及世内上手的东西一同"在起作用"并显现出来。相互共在就源生于人们共同从事同样事物的存在样式。唯有如此，即使"出门在外"，"即使他人实际上不现成摆在那里，不被感知，共在也在生存论上规定着此在。此在之独在也是在世界中共在"的存在方式。① 也唯有如此，才会使认识或知识成为可能。因为，"此在同他人一道在周围世界中寻视着有所发现有所烦忙；按照作为共同存在者而在世的最切近的存在方式来看，自我识认首先就活动在对上述这些被发现、被烦忙的东西的领会中。有所烦神的烦忙是从被烦忙的东西方面而且是随着对被烦忙的东西的领会而得到领会的。所以，他人首先是在有所烦忙的烦神中展开的"。② 此在对自身、对他人的领悟，都不是一种由认识得出的结果，而是源自于一种生存论上的共在方式，因此，并不是"共鸣"组建起共在，相反，倒是"共鸣"要以共在为基础。那么，也正是由每一具体的"此在"在其敞开状态中呈现出来的"共在"，才使得人与人之间的爱恨情仇、休戚与共、漠然处之的人际关系成为可能。

二 "此在"与共在的本真与本根

海德格尔从"此在"生存论的原本性分析入手，描述了这种存在者最初的存在样式，即人的"在世的存在"和"共同存在"，在理论观察的起点上便和其师分道扬镳了。然而，众所周知，海德格尔的哲学并不意在描述分析"此在"、"在世的存在"和与他人的"共同存在"。这一地平线的展示，仅仅是为探寻此在"本真的存在"和"存在的意义"的铺垫。可以说，现象学追求"面向实事本身"的精神，同样遗传给了海德格尔。从"在世的存在"和"共同存在"出发去探寻"本真的存在"和"存在的意义"，实质上是寻求"本真的自我"。对"本真的自我"的寻找，是否使人游离了与他人、他物的存在关系，最终又从非自我学的生存之路回到了自我学的运思之路呢？实际

---

① 海德格尔：《存在与时间》，生活·读书·新知三联书店 1987 年版，第148页。
② 同上书，第152页。

上，当海德格尔基于"此在"的生存结构去"去蔽"、"显露"存在者的"本真的存在"时，并未使"此在"游离他物、他人的环境世界和共在世界而变为反思的"先验的自我"或孤独的个体，重新给"此在"的生存背景立起一个主体自我的支撑点；相反，却在这种现象学的还原中，通过理解的"此在"的"释义"、"趋向死亡"和"言说"，将一个特定的存在者筹划到其存在和存在的真理上。"此在"的"在世的存在"和"共同存在"，应当从"存在的真理"中被发现，而"此在"的"在世的存在"和"共同存在"，在这种存在和存在的真理构成性中只起一种从属的作用；主体只是存在的牧羊人和"存在之家"的"守护者"。在此，凸显的是"此在""在世的存在"和"共同存在"的形而上学的本体，而不是构造他物、他人器用世界和生活世界的宇宙之主；是非自我学的准本体式的共在，而不是自我学的交互主体性。

首先，用"本真的存在"样式去唤醒沉沦在世的"常人"；用"言谈"的敞开状态去去蔽"起封闭作用的闲谈"，使存在者的"生存"依"存在之命运"开显出来并看护着存在之真理，由此说明人作为本真的样式在世存在的真义；以及人是存在的牧羊人而不是存在之命运的主宰。在海德格尔看来，共在虽在生存论上规定着此在，但却可使此在显现为非本真的存在和本真的存在两种样态。如果此在把本己的自己完全消解在"他人"的存在方式中，并从随手可及的事务和"常人"来拉平和降低自我，放弃个人的责任和具有的权力，那么，自我便会因缺乏自意识、缺乏对此在与他人关系的觉识而处于非本真的状态。处于这种状态的此在"因为言谈丧失了或从未获得对所谈及的存在者的首要的存在联系，所以它不是以源始地把这种存在者的据为己有的方式传达自身，而是以人云亦云、鹦鹉学舌的方式传达自身"。[①] 因此，这种从"公众意见的制高点"而不是从"对存在的当下领悟"的言谈，就会变成无根的"闲谈"。"闲谈"实际上是把此在的展开状态扭曲为封闭、锁闭了的在世，掩盖了在世内存在者的"本真的存在"。对人来说，重要的是在日常的杂然共在中，了悟自身本真

---

① 海德格尔：《存在与时间》，生活·读书·新知三联书店1987年版，第205页。

的存在开显"存在之真理"。"解放的焦虑"和对"死亡的预期",是海德格尔早期为人通达此种境界提供的阶梯。通过把此在置于"先行向死亡"这种"极端化"或"激进化"的边缘处境,来使此在返璞归真,使"此在"在其不同的和内在可能性中完全逃避"常人"的限制、操纵和支配,"使此在个体化,并使此在选择性地回到它自身"中,从而了悟此在之存在意义。然而值得注意的是,趋向死亡的存在不是通过自我维护或自我封闭来达到本真的存在,而是出于对存在的一种真诚的关心或对"此在"的"存在之潜在性"的关注来达到本真的存在的。所以,即使在死亡这种非关系性的极端境况中,使此在个体化,也并不意味着把此在从其所在的世界中孤立出来,使之变成单子式的存在,或者把此在与"他人"分离开来,变成一种自由飞翔的自我。而毋宁是"此在"在趋向他自身"存在之潜在性"与"本真性"的同时,"首先给此在提供了一种'让'共同现在的他人在他们最深处的存在之潜在性中'在'(be),并帮助(他们)通过预期性解放焦虑来泄露这种潜在性的可能性","使得此在成为感觉到他人之存在的潜在性共在"。① 让共现在的他人在他们最深处的存在之潜在中"在",并帮助他们通过预期性解放的焦虑来泄露这种潜在性共在的可能性,"使得此在成为感觉到他人之存在的潜在共在"。因而,在趋向本真这个层次上,"本真的自己存在并不依栖于主体从常人那里解脱出来的那样一种例外情况;本真的自己存在是常人的一种生存变式……"② 本真生存着和自己的统一性,与形形色色的体验中始终保持着人的那个自我的同一性完全不是一回事。所以,此在的焦虑性和对死亡的关注,并不影响人们之间的相互作用和真诚的关心,并不排除相互共在是此在的一种基本存在结构。应该说,海德格尔在《存在与时间》一书中,论证"非关系性"这一术语时,并未忘记防止陷入唯我论的圈套,而对本真性与共同存在之间的关联性给予了充分的重视与强调。"正如海德格尔所描绘的那样,此在的本真性意味着一种

---

① 弗莱德·R. 多尔迈:《主体性的黄昏》,上海人民出版社 1992 年版,第 102—103 页。

② 海德格尔:《存在与时间》,生活·读书·新知三联书店 1987 年版,第 160 页。

不同的社会样式，这种社会样式既不同于各种缺乏性的相互作用，也区别于人们在主体性设计（包括一种复数主体的设计）基础上所预言的社会集合。在解放的焦虑的保护之下，人们就不能通过自我学的构成来接近他人，也不能把他们预先假设为一种'一般自我'的内在组成部分；换言之，在这个层次上，共在既不是指一种主体性的融合，也不是指把此在与此在分离开来的单子论的孤独化，而毋宁是一种面对存在问题的相互性意愿。"① 因此，趋向本真的存在，非但没有使自我学的幽灵从隐匿状态脱颖而出，相反，却使"此在"沉浸在一种面向存在的相互焦虑、相互关注的意愿中。如果说前期海德格尔注重把此在作为询问的主体来追问"存在的意义"，潜存着违反其意愿而进入唯我论的危险圈套的话，那么，后期海德格尔则注重此在作为"言说者"、"看护者"去"答"存在，契合存在和看护存在。主张人的本真言说在于回应"存在的无声之音"；主张被存在本身抛入存在之真理中，从而如此这般生存的人应看护存在之真理，以便存在者在存在之光亮中作为它所是的存在者显现出来，以邻近于存在之真理。这个危险圈套则在这从"问"向"答"的视角转变中释解了。

其次，将言谈作为"此在"的展开状态的存在论机制，而不是作为表达主体心灵的现成工具，使"此在"从传统言说的主体降为顺从存在本身的"言说者"，以至发展为"存在的家"即语言的"守护者"。海德格尔认为，"言谈同现身、领会在存在论中是同样源始的"，"作为此在的展开状态这一生存论机制，言谈对此在的生存具有构成作用"。② 所以，人表现为言谈的存在者，以语言道说出自身，但这种语言的"道说出自身"，或者说以语言来揭示世界和此在本身的传达活动，并不是或从来不是把某些体验（如某些意见与愿望），从这一主体内部输送到另一主体内部的事情，而毋宁是此在作为言谈着的"在之中"的整体展开状态已经道出自身。正如海德格尔所说，"此在言谈着道出自身，并非因为此在首先是对着一个外部包裹起来的'内部'，而是因为此在作为在世的存在已经有所领会地在'外'了。道

---

① 弗莱德·R. 多尔迈：《主体性的黄昏》，上海人民出版社1992年版，第102页。
② 海德格尔：《存在与时间》，生活·读书·新知三联书店1987年版，第166—167页。

出的东西恰恰是在外，也就是说，是当下的现身（情绪）方式"。① 这证明此在作为在世的存在一向已经逗留着寓于世内在手的东西，而决非寓于"感受"，仿佛这团纷乱的感受先须整顿成型，以便提供一块跳板，主体从这块跳板起跳，才好最终到达一个"世界"。实际上，此在作为"在世的存在"已经在现身的"在之中"，通过言谈公布出来，已经在共同现身和共同领悟中公布出来，这一公布的语言所趋向的目的，在于把存在者据为己有的生存展开出来。在后期，海德格尔对反映在《存在与时间》中的存在—语言—人的关系作了很大的改进。当他说"存在在思中形成语言。语言是存在的家。人栖居在语言所筑之家中。思者与诗人是这一家宅的看家人"时②，当他说"语言说而非人说"；"静之声（语言）不是人弄成的。相反，人是……由语言的言说而成的"时③，这实际上是人归属于语言，并跟着语言"思"，跟着语言"说"而已。"此在"作为"存在的意义"追问者及语言的表达者所蕴涵的传统哲学主体性的危险性在此得到了进一步"消解"。人不是存在者的主人。而是语言这个"存在之家"的"看护者"，对人的这种定位，已远不是居有优先地位的"此在"了，同样也不是人类中心论和主体形而上学的人了。

三　共在理论的超越与缺失

毋庸置疑，海德格尔对于主体性的重新界定，以及由此基点建构起来的共在理论，超越了传统的主体性哲学，突破了胡塞尔未能挣脱的自我学的樊篱。在此不得不借用一句经典的话语，"我爱我师柏拉图，但我更爱真理"。这表现在：

首先，海德格尔将"在世的存在"和"共在"作为"此在"的规定性，突出了主体自我的非主体性、非构成性和非占有性。自我不再是由他的理性行为先行反省自身，然后通达他人他物的逻辑起点，并在自己的意识构成性中给自己加冕的宇宙之主，而毋宁说早已总是在

---

① 海德格尔：《存在与时间》，生活·读书·新知三联书店 1987 年版，第 198 页。
② 徐友渔等：《语言与哲学》，生活·读书·新知三联书店 1996 年版，第 155 页。
③ 同上书，第 160 页。

"忧虑"的开放性中被抛入或投入到这个世界之中必然关涉他人、他物的造物。"在世的存在"和"共同存在"的关系性作为人之存在的构成模式，必然使其与他人、他物发生关系，使器用世界在人的实践牵涉中成为人的存在要素，使与他人的共在成为此在的原初性的生存结构。由此表明人与世界、人与他人是一种原初关系，而非一种构成和被构成的关系；人与器具都是一种统一生活情景中的因素，而非一种主体与客体的对立、相合关系。这一原初的、统一的生活情景塑造着人及其类似的器具，而人则只有在这一"空白地"中伸展出来，显露本己的"存在"根据。因而人与世界、人与他人也非一种构成和被构成、占有和被占有的关系。可以说，海德格尔正是在对"此在"这种前自我学的、前认知性的规定基础上，在某种程度上克服了传统哲学遗留给当代形而上学的思维方式——先行设定的思维主体，以及由此必然产生的主体与客体的两极对立，将自我从他孤独的、无世界的封闭状态中解放了出来，使世界在主体的活动中存在，使主体在世界的场所中展开。没有主体的世界，或没有世界的主体都是不可能的。

其次，海德格尔将有情绪的现身、领悟和言谈作为"此在"源始的生存机制，突出了此在的开放性、现实性、具体性，并用情、知、言开显的生存状态取代了传统哲学知、情、意封闭的理论推理模式。在海氏那里，由于有情绪的现身、共同领悟和言谈的传达并列而为此在的存在结构，因而对主体的界定便发生了一种方向性的"扭转"。这种方向性的"扭转"展示了一个与现象学不同，解释学的新的开显自身的三种基本方式。表明此在这个存在者在它最本己的存在中就承担着非封闭的性质，也表明"此在"这个词本身就意指着这种本质性的展开状态。通过这一状态，"此在"就会同世界一道，为它自己而在"此"。由于"这个存在者在它最本己的存在中承担着非封闭的性质"，这就决定了存在者必然要沉湎于、现身于现实的世情物态，在与他人的具体交道中展开自己的生存状态，通过各种各样的日常活动来识认自己、识认他人，并且"言谈着道出自身"，把自身公布出来。因此，此在的展开、"释义"过程和世界的见出过程以及对自己、对他人的认识过程是同步的，世界和人是统一的整体，而世界和人的同步性、整体性，则有赖于存在者的开放性、实践性，即有赖于存在者在现实活动中的具体展开。

再次，就海德格尔哲学的指向，由人作为追问"存在的意义"的主体变为守护"存在之真理"的看护者而言，又使个人从现实的主人，降为"存在的牧羊人"。当海德格尔将"在世的存在"和"共在"作为此在的规定性，超越了主体自我的主观主义时，并不是要停留在人与世界"共在"的客观主义，而是要深入到比主客观分野更为原始的"存在"境界。诚如他说"人的本质是他的生存，而生存则是'在的反射'。人远不止是实存的暴君，而应该被理解为在的穷牧师"。① 换言之，人不是实存而是生存，人是在交往的生存过程中，去去蔽、澄明、展现自身在的真理，追求崇高的过程。因此，人的实存在海德格尔那里，仅仅是一个间接的研究课题，或者说只能是通达存在意义的探寻主体和存在之真理的言说者。这一探寻主体和言说者被镶嵌在某一世界情景中，并通过自身的显现和言说来开显存在的意义和"存在之命运"的过程，虽弱化了人的形象，但人并未遭受任何损失，相反，却因被置于一种与他人、与世界共同存在的更为广阔的生活境遇中，在某种意义上，使得合理地理解存在的真理和对存在的尊重成为可能，使存在者达到真、自由、天道的统一的本体状态成为可能，为日常生活中的人设定了一个崇高的理想境界。在此意义上，海德格尔的共在理论，可视为对传统哲学善的生活的重新阐述。特别是对康德目的性王国之假设的一种具体性，道德性的重新阐述。

尽管海德格尔准本体论的共在理论，显露出了对传统意义上的主体形而上学；对胡塞尔自我学的"交互主体性"理论的抵制和超越。但是在这种抵制和超越中，仍然存在着必须给予指出的瑕疵：第一，如果"此在""在世的存在"和"共同存在"最终奠基于"存在"或"存在的真理"，如果人的"生存就是确定人在真理的命运中究竟是什么"？② 那么，应该用什么标准来衡量"存在的真理"？或者揭示存在向人展示的存在之真理的价值呢？"此在"根据什么法则来支配自己的行为，或根据什么要求来听从"存在之命运"的召唤？"存在"这

---

① 大卫·戈伊科奇等：《人道主义问题》，东方出版社 1997 年版，第 240 页。
② 同上书，第 236 页。

一不可名状的所谓人类实践的基础究竟是什么呢？在海德格尔的哲学中，对传统形而上学的克服，从消极意义上，通过摧毁其未经证实的概念而抛弃主观主义，从积极意义上则是深入到西方形而上学的发展和统治地位之背后，力图在概念的光亮中取回希腊人对存在的原始经验。海德格尔意图从亚里士多德的自然概念回归到苏格拉底开端处的存在经验，即在阿那克西曼德、赫拉克利特、巴门尼德那里寻找关于存在的开端经验，寻找那种去蔽和遮蔽之交互并存的证据。然而，这种思考和寻求开端之路，实际上是一条冒险的迷途。因为接近开端总是意味着：在对已经走过道路的回溯中看到另外的、敞开的可能性，开端总是一再向不确定状态推移，就像 T. 曼在《魔山》一书中所描述的那样，在每一个最后的海岬后面，总是有一个新的海岬展示在那个海滨漫游者面前，如此无限地继续。所以，海德格尔就像在矿脉中寻找金子一样，最后又在东方思想魅力的吸引下，在遥远、模糊的寻找中一再表明自身不是通向展望存在之敞开的道路上的最后海岬，而是指向绝境的"林中路"，陷入一种"存在的末世论"。① 因此，弗莱德·R. 多尔迈在《主体性的黄昏》一书中指出："总而言之，带有一种悲剧情调的世界性似乎是海德格尔存在主义的核心。"② 但这种悲剧情调还远不止于此，最终又导致随着"此在"的开放性、实践性所见出的共在世界，由于其基底的模棱两可和具有随意性而摇摇欲坠，又遭到了其学生伽达默尔力透纸背的批评和改造。第二，海德格尔强调在者状态上的"此在"与他人共在的原初性，但却忽略了这种在者状态上主体之间的共识，忽略了人类文化各层面、各向度的交往与沟通，而只是将此在的理解中心转向对存在的领悟、释义、言说，突出的是"此在"作为存在者对自身的"存在"或"存在的意义"的自我理解。当然，海德格尔对主体之间"共识"问题的疏忽并非偶然，而是直接与他的哲学主旨紧密相关的。因为"此在"的"在世的存在"和与"常人"的非本真的"共同存在"，仅仅是为探寻此在"本真的存在"和"存在的意义"的出发点而处于从属的地位。与此相反，逃避

---

① 伽达默尔：《摧毁与解构》，《哲学译丛》1991 年第 5 期。
② 弗莱德·R. 多尔迈：《主体性的黄昏》，上海人民出版社 1992 年版，第 97 页。

与他人非本真类型的共在，而趋向于抵达"非牵涉性"的"个体化"的本真存在，才是其哲学的主导。所以，尽管海德格尔对传统的主体性作了卓有成效的批判，强调"在世的存在"和"共同存在"是"此在"的内在属性，强调人对于存在的在先开放性。但是西方绝大多数哲学家仍固执地或有欠公允地从自我学的意义上来理解"此在"，而且把海德格尔的全部论点视为胡塞尔现象学，特别是其先验的交互主体性理论的一种存在主义运用。伽达默尔也在其撰文《摧毁与解构》中批评道："确实，即便海德格尔对意识概念的批判（通过一种彻底的本体论摧毁表明全部意识唯心论都是对希腊思想的疏离，这种批判尤其击中了胡塞尔的从新康德主义转换而来的现象学）也绝不是一种完全的突破。所谓此在的基本本体论，尽管对此在的'烦'特性作了种种时间性分析，却也没有能克服自我意识的自我关系以及它的基本地位。因此，它不可能导致任何对胡塞尔式的意识内在性的真正突破。"①

总之，海德格尔基于"此在"存在基础上的准本体论的共在理论，是他试图走出传统哲学的自我中心论，将人从主体自我的纠缠中拯救出来的一种哲学尝试。这种哲学努力不仅启发了法国哲学家萨特和梅洛－庞蒂，而且也激发了他的学生伽达默尔的灵感，同时也直接影响了所谓"后现代主义"，及至"人的消失"、"主体的死亡"等成为时髦的口号，使由笛卡尔开始的主体性观念受到了强烈的冲击，主体性观念越来越失去了它的统摄力量。诚如美国哲学家奥特加·加塞特所说，"假如这个作为现代性根基的主体性观念应该给予取代的话；假如有一种更深刻更确定的观念会使它成为无效的话；那么这将意味着一个新的气候、一个新的时代的开始"。②

第三节　伽达默尔的语言理解游戏

海德格尔以现象学为方法，以"存在"为本体的"此在"共在理

---

① 伽达默尔：《摧毁与解构》，《哲学译丛》1991 年第 5 期。
② 弗莱德·R. 多尔迈：《主体性的黄昏》，上海人民出版社 1992 年版，第 1 页。

论，不仅超越了胡塞尔所设定的哲思范围，而且"扭转"了他的研究方向，使之由先验意识的意向性结构转向此在的本体论的生存境况，为伽达默尔的哲学解释学或解释学的实践哲学奠定了基础。但是，伽达默尔的哲学目的并不在于维护海德格尔相对于胡塞尔的独创性，转向"在世存在"的"此在"和"共在"，探寻它的"存在的意义"，而是另谋哲学解释学研究的新视界，转向"理解"的社会实践领域。在胡塞尔的现象学方法，海德格尔式的本体论的哲学背景下，独树一帜，以《真理与方法》这部解释学的经典巨著，系统地论证了理解的普遍性、历史性、语言性，阐发了举世公认的当代人文理解理论。

一　理解的实践指向

理解是何以可能的？伽达默尔在解答这个哲学问题时，并不是孤立地进行的。胡塞尔现象学的方法和海德格尔"现象学的解释学"，兼容并蓄、如影随形地相聚在伽达默尔的哲学中，并在某种程度上对他的"思想常常起着决定性的作用"，乃至伽达默尔曾产生过"就好像在我写作时，海德格尔总在我身后看着我写"的晦暗心理。① 但是，胡塞尔、海德格尔哲学作用的事实性，并未完全将伽达默尔束缚在胡塞尔与海德格尔综合哲学的禁窗中，相反，从积极意义上则成为促使伽达默尔超越胡塞尔与海德格尔哲学，拓展自己哲学之维的铺垫和"历史的准备"。首先，当伽达默尔赞扬胡塞尔的"意向性研究是一次关键性的突破"，即发现了自然科学的真正基础——精神科学；发现了自然科学的独立方法——现象学的本质直观时，并未盲从胡塞尔将其绝对化为可以由之演绎出一个无所不包的认知大厦，而是限定了现象学对研究"理解"现象诸如此类精神科学有效性的相对性；并在摆脱了现象学方法的绝对性之后，将其运用于"对事实性的人类此在"和对"此在"生活世界的研究，而不是仅仅限囿于对一个自我主体的先验生活的本质直观。与之相应，人们所得到的也只是有关人的实在生命的相对认识，而不再是有关先验生活的绝对认识。所以，虽然伽达默尔曾坦言他的《真理与方法》一书"在方法上立足于现象学的基

---

① 倪梁康：《现象学及其效应》，生活·读书·新知三联书店 1994 年版，第 258 页。

础"，但是，无论在对这种方法的定位上，抑或是就它的应用领域而言，都已超出了胡塞尔所设定的哲思范围。因而他坚决反对有人"把解释学纳入到先验现象学中和先验现象学之下"的"过分"做法，强调解释学拓展了一个与现象学不同的新维度。其次，当他把捉住海德格尔"理解"是"此在"本身的存在方式和普遍规定性，并将其作为哲学解释学的出发点时，也未滞留在同一哲学水平上，即只是将"理解"作为"此在"存在论的一个环节，去理解、释义、言说乃至守护非显现、隐藏着的"存在"。在他看来，理解是"此在自身的存在方式"，但并非主体的一种行为方式。因为"理解"作为既受制于又参与着被理解的东西的存在，是主体与客体发生关联的原初领域，它既规定着有限的、历史的"此在"的限度和基本受动性，也规定着"此在"的认识限度和全部世界经验的范围。在此意义上，理解具有本体论上的优先地位。理解也不仅仅是坚持追求最终的问题，而是着眼于真正直接所予的现象，即主体与客体相关联的最基本的世界经验；着眼于此时此地，可实行什么，什么是可能的，什么是正确的现实问题。理解的全过程也并非只是去理解与阐释，还必然包括实际的应用，包括人与人之间自由、充分地交换意见与对话。理解是一切人的实践行为的基础，对话是实践活动的基本模式。在此意义上，理解又是朝向实践的。

正是在上述基础上，解释学的人文理解与展开于主客体关系中的自然科学的理解活动不同；又与探讨词、语句和文本的意义，煞费苦心地创造一种理解的技法或技术的古典释义学不同。与前者相比，伽达默尔的理解理论不是把握与人无内在关联的客观对象的本质的主体认知活动，而是领悟与人的经验直接相连的同世界的各种关系及人的自身存在意义，将生活世界的经验和领悟，展开于人与人之间的对话与沟通。因而，它的功能不在于引导人们去追求关于客体存在规律的科学知识，以改造、征服自然进而控制社会，而是引导人们在传统、历史和世界的复杂经验整体的关联中，达到对自身存在意义的深刻体验、对主体间的相互理解、对历史和对世界的释义学解释，以在"理解"的"教化"中，促进人类自身的完善与和谐，促进社会的和政治问题的解决。同后者相比，伽达默尔的理解理论不再是要提供一种关于解释的一般理论和对解释方法的独特说明，而是要揭示所有理解方式都共同具有的东西，澄清理解得以发生的条件。强调理解的理论作为释义学，首要的就在于它并非是各门科学的一种方法论，而是与人的、社会的"此在"所具有的根本大法有关，而这意味着释义学并非什么方法学说，而是一种哲学。作为一种有关理解的哲学，它试图理解人文科学在超出它们的方法论的自我意识之外时究竟是什么，是什么东西把它们与我们的世界经验的整体联系在一起，是什么使人趋向一致。如果说"理解的能力是人的一项基本限定，有了它，人才能与他人一起生活"①，才能与传统、历史与世界联系起来，那么，运用现象学的方法，分析、研究人类此在生活领域中的"理解"现象的普遍性，则为伽达默尔"解释学的哲学"之重。这种哲学的新定向，便在否定、扬弃胡塞尔现象学方法的绝对性，自然科学二分法的主体认识论，古典释义学关于理解的方法论，海德格尔的形而上学的本体论中，实现了解释学从方法论向本体论的转变及从形而上学的本体论向实践论的转变。

二　"解释学的原则"：理解的历史性

"理解就是此在的存在方式"，"理解就是人类生命本身的原初存在特征"②。假如这种奠基于海德格尔哲学基础上的哲学定向，从本质上界定了"此在"在世是由解释或理解构成，并是从事解释和理解的在者或理解者。由此出发，伽达默尔则进一步在汲取海德格尔关于理解的前结构，尤其是"前有"和"此在"存在的时间性的思想观念的基础上，以一种乐观主义的态度，将海德格尔后期哲学中的探究方向，以新的方式来达到海德格尔所想完成的工作，即将冥冥之中的存在天命观念具体化为效果历史概念，将永远无法企及的彼岸现实化为对理解者敞开的历史流传物，将人作为总是在"传统"或"成见"的"先定结构"的历史"处境"中展开理解的在者，揭示了"理解历史"和"历史理解"及其关系，并对蕴涵在二者关系中的传统与成见、时间

---

① 《当代西方著名哲学家评传》第一卷，山东人民出版社1996年版，第399页。
② 陈嘉映：《海德格尔哲学概论》，生活·读书·新知三联书店1995年版，第227页。

间距、视界融合、效果历史和释义学循环等方面作了系统的探讨，揭示了理解的前提条件、理解的框架、理解的无限可能性，彰显了理解现象的历史性。

首先，强调"传统"或"成见"是理解得以发生的前提条件及其积极性，表现了伽达默尔有关理解理论的非主体构造性、接受性，也表现了在对理解的无成见性的要求与理解的有成见结构的主张的对立中，伽达默尔选择了海德格尔，而放弃了胡塞尔。依照胡塞尔原本性的要求：最初的、无历史的、无过去的直接直观视域是理解的前提或出发点。依照海德格尔"理解的此在"，"此在就是理解"，理解具有"在先"的结构。"在先拥有"或"前有"、"在先看到"或"前见"、"在先把握"或"前设"，构成了此在理解的"前提"或"解释学处境"。在这个问题背景下，应当说伽达默尔运用了胡塞尔的视域概念，而发挥了海德格尔的解释学思想。他把无历史、无过去的当下视域看作只是一个无法理解和把握的设想或一个哲学家的良好愿望，而主张任何当下的视域，永远也不会是那种混沌初开的世界，而是一个流传给我们的世界。任何直接明证性的直观都含有在先意指、在先判断的成分。因为人作为理解者，他在展开理解之前，已存在的社会文化背景、传统风俗习惯、知识价值观念等"前有"，构成了他在理解任何文本时不可避免地要受其影响的"传统"或"成见"。所以，他说："我们存在的历史性产生着成见，实实在在地构成我们全部体验能力的最初直接性。成见就是我们向世界敞开的倾向性"，"它们是我们据以经验某事，即我们遇到的东西据以对我们说什么的条件"。① 没有过去，当下的视域是无法构成的。那么，人们想要获得的那种自为的历史视域也就不会存在。没有"传统"和"成见"，理解就不可能发生，一方面表明历史性对理解的制约性，也表明无论认识者，还是被认识的存在物，都不是"在本体论上"的"现存之物"，而是"历史性的"。也就是说，它们都具有历史性的存在方式。另一方面表明"传统"和"成见"是理解的一种积极因素，而非古典释义学家所认为的那样，是有碍正确理解，获得客观知识，因而应克服的消极因素。

---

① 《当代西方著名哲学家评传》第一卷，山东人民出版社1996年版，第405—406页。

"传统"和"成见"是认识者和被理解对象、历史视域和当下视域开放、沟通以及据以经验、理解事物的先行条件和基础。

其次，在前者的基础上，从释义学循环，时间间距，效果历史和视界融合等不同的维面来铺展理解，填补了海德格尔只是提及而未给予发挥的"共鸣"的空白，构建起了理解理论的框架。第一，既强调传统和成见在理解中的作用，同时也强调解释主体的积极性和能动性，把"理解描述为传统的运动与解释者的运动之间的一种游戏"。在这种游戏中，人们在成见中去理解历史文本的意义，同时在倾听历史文本的"诉说"中，参与历史文本的意义生成，使之处于永远开放的确定性中。所以，理解表现为从成见出发又超越成见的"释义循环"。在这种理解的循环中，并不意味着理解是"解释者的主观性"从外部施于文本意义的"客观性"的一种主观认知行为，也非一种部分与整体互相规定，并在整体中理解文本的意义的方法论，而毋宁说是表现了一种关系，即自己和他者的统一关系。在这种关系中同时存在着历史的实在以及历史理解的实在，说明理解本身是联结与支配着文本和解释者双方视域的"本体论的结构要素"。

再次，强调时间间距对理解文本意义的重要作用，"把时间间距看作是理解的一种积极的、产生性的可能性"。在伽达默尔看来，"理解的循环"展开于时间之中，历史时间间距无疑会造成历史文本与解释者的分离，但时间间距不但不会像古典释义学者所认为的那样掩盖文本的意义，引起解释者对历史文本的误解。相反，它会过滤掉某些不利于理解对象的成见、预设以及功利性看法，不只使新的错误源源不断地被消除，真正的意义从那遮蔽它的一切东西中透滤出来，并且在源源出现的新的理解中，揭示出文本的意想不到的意义。所以，"促成这种过滤过程的时间间距并不是一个封闭之维，而是本身就经历着不断的运动和扩展。随着时间间距所造成的这种过滤过程的否定方面的出现，还有它的肯定方面，这就是它的理解的价值。这不仅使那些具有特殊性和有限性的成见逐渐消失，而且使那些导致真实理解的成见清楚地浮现出来"。[①] 因而时间并不是一个张着大口的深渊，而

[①] 《当代西方著名哲学家评传》第一卷，山东人民出版社 1996 年版，第 409 页。

是充满着习俗与传统的连续性，靠着这种连续性，所有留传下来的东西都向人们呈现出来。在此，伽达默尔关于时间不再是一种由它造成分离而有待沟通的鸿沟，相反，是植根于理解的循环中的支撑基础的思想，实际上是"海德格尔对此在的存在方式作出时间性的解释之后"的继承与发挥。

最后，强调效果历史积极的、生产的可能性，主张"理解就是一种效果历史的关联"。强调理解的开放性和达成共识的可能性，同时又未忽视理解的相对性和有限性，主张理解始终就是视界融合的过程。"效果历史"实际上就是解释学的处境。在这种处境中，解释者与正被理解的传统发生关联，并在传统的制约与理解的超越相互作用中，形成了"历史的现实和历史的理解"的现实的统一。所以，效果历史的实现，实际上是两个视界的融合。视界融合并非将自身移出当下的视界置于历史视界之中，或设法使当下的视界与历史的视界相融合，而是总是已经拥有了这个视界，把自己置于一种更为广泛的境域之中。这种自我置入，并不是一个个体对另一个个体的移情共感，也不是把我们自己的标准应用于另一个人，而总是包含着另一种更高的普遍性的获得，这种普遍性不仅克服了我们自己的特殊性，而且克服了那个他人的特殊性，表达了试图有所理解的人所必须具有的宽广的、优越的视域。从宏观上看，这个视域融合又是一个无止境的"理解的循环"过程。一方面，文本的视域向着理解者开放着，通过效果历史影响着理解者的成见和视域；另一方面，理解者的视域也向文本开放着，把自己的理解融入效果历史从而影响着文本的视域。在这种"理解的循环"中，两者的视域不断融合，扩大为一个更高层次的、更为普遍的视界。更高层次、更为普遍的视域的不断赢得，不仅意味着理解可能性的不断增长，同时也意味着历史的意义在不断增长的理解过程中日渐明晰与丰富。所以，任何一个人的视域都绝不会完全地固着于任何一点上，因而也就绝不会有一种封闭的视界，毋宁说，人的视域就是随着我们的理解而运动着的东西。由于视界融合处于不断变化与发展的历史过程中，那么，对于有限的、历史性的意识来说，理解对象的历史视域（事物）与作为理解行为的当下视域的融合与统一，永远无法达到绝对的统一。因此，理解的可能性与相对性、开放性与建设性、动变性与现实性，是理解活动所具有的共同的本质特征。

三 "解释学的基本维度"：理解就是对话

在传统的哲学中，乃至胡塞尔向生活世界转向的现象学的展开中，语言问题始终未争得一个中心地位而处于被彻底遗忘、被遮蔽状态。语言问题在哲学领域中的凸显，始自于海德格尔对传统形而上学疏离化的概念方式的摧毁，把词语引回到它们已经失落了的不再具有的希腊语言的天然词义上去，并从词语的探源中重新复活希腊思想及其对我们的感应力量。在海氏哲学的"回归步伐"中，他首先在对此在的分析基础上，将言谈结构提升为此在的本体论的生存论环节和基础，将语言和含义说植根于此在的本体论中，而不是"植根于具体知觉的意向性研究的一个较高层面"上。伽达默尔在继海德格尔之后，把语言问题看作是哲学的中心课题并融入理解问题，从会话中寻求自我构成的共同语言出发，来摆脱传统哲学实体本体论的沉重遗产。在理解的问与答的对话逻辑中，开启了一个理解或解释的新维度，揭示了理解与语言、语言与世界的内在关系。在理解、语言与世界三者的统一关系中，阐述了"语言是理解得以实现的普遍媒介"，"语言就是我们存在于其中的世界起作用的基本方式，是世界构成的无所不包的形式"。① 将语言与理解的根本关系确定在人的生活实践中，使历史、实践、理解在语言中得到了统一。将海德格尔"语言是存在的家"引申为"能被理解的存在就是语言"，使作为存在根据的语言本体论变为解释学的被理解的语言存在的本体论。

首先，在语言与理解的关系中，强调理解过程与语言活动的同步性，语言对理解的支配作用。理解起源并实现于语言中而非所谓心理移性。一方面，理解始于语言已预先规定了的理解内容和视域。历史文本凭借语言的媒介才得以超脱作者意图和当时的历史事实，成为"永不改变的生活表现"而得以流传，以语言为其存在的历史方式成为理解的对象和视域。另一方面，理解又束缚在语言上。因为理解是一种用语句来进行思维的行为。思维意味着思考某物。而思考某物则

---

① 《当代西方著名哲学家评传》第一卷，山东人民出版社1996年版，第418页。

意味着言说某物，解释某物。一切理解都是解释，以解释为其完成方式，反过来，一切解释又都是在语言媒介中发生与展开。所以，语言媒介使对象成为文字，然而它同时又是解释者自己的语言。理解则实现于理解与文本之间的对话。

其次，强调语言的问答逻辑，以理解的问答逻辑逾越了自然科学用语言固定下来的抽象化、概念化和逻辑化的陈述，同时也超越了海德格尔的语言独白。由于海德格尔的哲学情趣始终是存在的意义问题。所以，他注重的不是人与人之间的语言对话与沟通，而是人的言说对存在语言的倾听与回应。因而从根本上说，语言只是独白，"它独自与自己说话"。在伽达默尔看来，语言只存在于对话中。理解过程犹如日常生活的对话，是解释者与被理解文本之间的对话。对话总是关涉到文本对解释者提出问题和解释者回答问题这样一种关系。理解文本就是理解问题，理解一个问题就是提出这个问题。理解一种意见就是把它理解为对一个问题的回答。理解的问答不是为了找到一个原始问题，而是通过文本的内容，促使理解者在说出的东西和"无限多未言说的东西"的探索中，不断扬弃某处未知领域，超越文本的历史视域，使之与我们的视界相融合，使我们自己的视界不断地被每一个相继出现的视界所更新。在这种过程中，语言起着主导作用。对话"不是用语言进行游戏，而是语言本身在游戏，语言向我们言说，建议和撤销、发问和自作回答"。① 所以，在理解的过程中，人与人之间真正的相互归属关系必然是：每一个人首先都是一个语言圈，这些语言圈相互接触并一再地相互融合，取得共同语言，承受并推进了文本的效果历史。那么由此而生成的始终是语言，在词汇和语法中的语言。这种语言永远带有在每一个这样的谈话者与他的伙伴之间进行对话的内在无限性。正是在此意义上可以说，在理解中发生的视域融合乃是语言的真正成就。

再次，在语言与世界的关系中，强调通过语言"拥有"世界，世界在语言中显现，主张语言与世界的统一，从理解和人类世界经验的语言性揭示了"语言的普遍本体论意义"。语言不是单纯的符号形式，

---

① 徐友渔等：《语言与哲学》，生活·读书·新知三联书店1996年版，第178页。

而是在其中可以发现精神的历史生活或经验生活的整体，是世界向我们显现的唯一媒介。人通过语言拥有世界，意味着人拥有一种"世界观"或"经验生活的整体"；反之，"经验生活的整体"具有"绝对"的语言性。语言与世界的基本关系并不意味着将语言作为一种工具或一种手段的装置，去理解成为语言对象的某个处于语言之外的"自在的世界"，而毋宁说是已被语言的世界所包容。语言和世界的关系是二而一的关系：世界之所以成为世界，只是由于它进入语言之中，语言之所以具有它的真实存在，也只是由于世界再现于语言中。思维与存在、主体与客体的对立，消解并统一在语言中。语言与世界的相互衔接，形成了一个被称作"语言世界"的基础层次，在先规定了人们的认识与交往的可能性。因此，语言不仅构成实践的行为，又是实践的基础和条件。历史、实践、理性在语言与语言的交流与沟通中获得统一。

四　解释学理解理论的偏颇

伽达默尔通过阐释理解的普遍性、历史性和语言性，系统地阐发了人文理解论，揭示了理解的对象、理解的框架、理解的维度等，使人文理解论在摧毁与解构，继承与发挥的破旧立新中，以语言"解释"的全新维度崭露于世。然而，正如金无足赤一样，其理解理论也存在尚需探讨的问题与不足。

首先，伽达默尔通过语言，将世界与理性统一起来，通过语言的对话，将其确定并体现在人的生活世界与实践中。由此把解释学的语言哲学引申为实践哲学，把解释学的方法论问题引向哲学的实质性问题，不仅拓展了解释学的理论内涵，而且为它奠定了新的基础。但是，这种实践指向和哲学转向的偏颇在于，其一，它的实践哲学同以往任何一种实践哲学一样，本身既是一种理论，同时又是人类诸多实践活动系统中的一个环节，那么，将实践问题理论化，既不能够切实有效地解决社会的或政治的现实问题，同时又潜存着充当先知、走向独断论之路的危险。将实践活动的一个环节片面地夸大，就易成为现代唯心主义哲学。其二，当解释学由方法论转向哲学，由探讨词、词句或文本的意义转向以语言为对象来研究理解、理解与世界经验的关系时。

这种转向，虽深刻地揭示了理解的本性，扩大了解释学的研究维面，充实了解释学的哲学内涵。但是，正是源自于这种优点产生了它的缺点，即轻视甚至否定理解的方法论，导致他对理解具体文本的正确与否，未能提出一个有效的客观标准。当然，尽管伽达默尔理解的目的不是重建文本的原初意义，而是"要在流传物中发现对于人们自己有效的和可理解的真理"。从理解过程的主观与客观不可分这样一种"解释学处境"出发，经过时间间距的过滤，视界融合，将理解的有效性标准定位在理解者精神发展和人类文化发展的整体有效性这样一种理解结果上。但是，问题是形成这一理解的有效性仍然隐含着伽达默尔所面临的困难，即时间间距在区分真假问题时，虽设定了文本具有某种最低限度的客观意义的内容，然而，一方面，理解的真假仍然存在一个判断标准的问题；另一方面，时间间距的检验也不能提供直观的结果。所以，仍为不同的理解或解释留下了广阔的余地。这样，当理解自以为把握了文本的客观内容时，仍然不可避免地注入自己的主观主义倾向。为此，他首先遭到解释学内部成员的批评，即批评他不关心可行性标准的主观主义倾向，同时也批评他的反方法论立场。实际上，即使把释义学的任务规定为探索文化，历史和人与世界的各种关系，这里仍然有一个方法论的问题。也就是说，这种研究必须遵循一定的理解或解释的程序或采取一定的方法。

其次，伽达默尔十分强调理解的语言性，强调语言在理解和解释中的普遍性及其本体地位。语言是人遭遇世界的基本方式。人永远以语言的方式拥有世界，世界在语言中构造。"语言的世界构造"在"这里绝不含有任何语言相对主义"。正是基于语言的"绝对"，他批评"当黑格尔把辩证法归入一个关于知识和方法的概念时，他实际上掩盖了辩证法自己本身的来源，即它在语言之中的本源"。① 在海德格尔"语言是存在的家"的基础上，又未循规蹈矩地恪守海德格尔的语言本体论，而是从语言的存在走向了语言的对话逻辑，使一切哲学问题都变成了语言理解的问题，因而都能在语言的对话中得以解决。在确定与高扬语言的构造作用和本体地位的同时，又犯了夸大语言作用

---

① 伽达默尔：《摧毁与解构》，《哲学译丛》1991 年第 5 期。

和地位的大忌。在强调语言理解和解释作用的同时，又忽略了它的反思与批判作用，因而遭到了哈贝马斯的无情批判。

　　总之，尽管伽达默尔的哲学理解论有着这样或那样的缺陷，但是它的产生却具有划时代的意义。在克服传统唯我论的认识论，超越科学认识论说明性的独白，科学主义与实证主义排斥人文理解论的普遍价值倾向的哲学努力中，完成了从胡塞尔哲学的"意识分析"到"语言分析"的"语言转向"，从海德格尔的语言存在本体论到语言实践哲学的转向。正基于此，哈贝马斯与伽达默尔"相逢了"。尽管哈贝马斯与伽达默尔有着共同的哲学问题和语言实践论倾向。但是前者强调语言的反思与批判的交往行动理论，同后者强调语言的理解和解释的人文理解论之间，则存在着很大分歧。这种分歧表现为伽达默尔"倾向于对传统权威的承认"的怀旧情结与哈贝马斯"坚决反对传统权威的压抑"，展望未来的解放旨趣之间的对立。由此在本世纪的德国哲学中展开了两个重要思想运动的继续：现象学运动和西方马克思主义运动。

第四节　哈贝马斯的交往行动理论

　　由胡塞尔肇始的以"先验的自我"支撑起来的"交互主体性现象学"，中经海德格尔此在共在理论，伽达默尔理解理论的改造与发挥而使主体间性问题显学化的现象学运动，在西方马克思主义者哈贝马斯批判的社会哲学中遭遇、碰撞、相交，汇集成了一个包括马克思主义哲学在内的复杂的、多层面的"理性联盟系统"。在此，"各种理性形式的艰难合作取代了某一包罗万象的理性。各式各样的东西在这个理性大联盟中找到一席之地：语言实用学、论证学、行为理论、系统理论、批判理论、解释学，其中还有生活世界的现象学"。① 各种各样哲学流派的基本观点，在此接受着分析与批判的洗礼，脱胎换骨的重塑，凝练成了哈贝马斯以"理解"为核心，语言为本，融社会批判理论、普遍语用学、社会进化理论为统一构架的"交往行动理论"。

----

　　① 倪梁康：《现象学及其效应》，生活·读书·新知三联书店1994年版，第340页。

一　我思、对话与"生活世界"

在哈贝马斯这个纷繁复杂的"理性联盟"的综合哲学中，显而易见胡塞尔、海德格尔、伽达默尔等哲学的当下影响，同时也可以发现传统的马克思主义在他的哲学中发挥着作用。不过，这些思想内容并不是哈贝马斯交往行动理论的阈限，或现成拿来并糅合在一起的大杂烩。哈贝马斯从自身思考问题的方式，观察问题的立场出发，在对胡塞尔生活世界的现象学分析与改造的过程中，凸显了理性的现实性；在对伽达默尔语言理解理论的研讨与修正的过程中，凸显了理性的批判性；在对马克思主义的历史唯物主义的诠释与继承的过程中，凸显了理性的重构性。从而在对不同哲学思想观点的取舍抑扬的肯定的否定中，型塑出哈贝马斯社会交往行动理论的独特性。

如前所述，胡塞尔"先验自我论"的缺陷，导致了以后接受其效应的后继哲学改造他的理论的关键性动机。哈贝马斯的哲学当然也包含在这个"后继哲学"的队伍中。哈贝马斯既关注并吸纳了胡塞尔"生活世界"非课题性的、奠基性的特征，同时又不遗余力地依照自己的方式清除了支撑并构成生活世界的先验的原始自我。他对前者的兴趣，首先是他在生活世界所代表的那种无疑的（非课题性的）、根本的（奠基性的）生存状态中，发现了交往行动理论"直接的可靠性和无疑的确然性的基础"或"意义基础"，确信交往行动理论就建立在生活世界现象学的基础之上。其次，是因为他从"生活世界"这个概念所展示的那个领域中，发现了理论与实践的本质关系，发现了将胡塞尔生活世界的现象学，批判地改造并纳入到西方马克思主义实践论中的理论契机。他对后者的摒弃，是他清楚地认识到胡塞尔生活世界现象学的症结所在——未摆脱传统认识论的"自我意识理性范式"，将理性的出发点定位于仅具有认知构造功能的先验主体，因而造成其脱离现实生活世界而耽于"纯粹精神"领域的"梦想"。胡塞尔先验哲学这种积极的和消极的效应，促使哈贝马斯首先重新思考并选择社会交往行动的理论开端，以突破将社会哲学建立在认识论上的传统。为此，哈贝马斯抓住天生就与那些通过语言中介的交往行为有关的语用学，从对话和行动能力方面来考察并界定理性，使理性不再是传统主体哲学以意识作为框架的认知理性，而是在语言沟通活动中的互属互动理性。与之相应，人的主体也不再是一个仅具有认知功能的主体，而且还是一个包容着其整个交往和活动的实践主体。正是由于将传统哲学的所谓自我反省的认知理性能力演变成语言交往的理性沟通能力，社会化的个体才在其语言与行动的客观联系中，必然作为"交互主体"或"大型号的主体"而得以存在和发展。所以，哈贝马斯一开始就用由语言的沟通活动所形成的交互主体的共存，来取代笛卡尔和胡塞尔的阿基米德点。他把"交互主体"称作"大型号的主体"划归给生活世界。生活世界在哈贝马斯看来，一开始就是一个交互主体性世界、"一个社会生活世界"。因为"我，在我的肉体中并且作为我的肉体，始终已经发现我处在一个交互主体地共有的世界之中"。"个体的生活历史和交互主体地共有的生活形式都一同交织在生活世界的结构之中，并且一同参与着对生活世界的总体化。"① "交互主体的生活世界"和"生活世界的交互主体"，对哈贝马斯来说犹如一枚硬币的两面是一个整体，构成了人们交往行为的"坚实的根基"、"共同无问题的视域"和"背景性的支持"。正因如此，哈贝马斯说："在语言对话中开启的、为人们所共同居住的生活世界的社会空间，为我们提供了解开交往理论中'社会'这个概念的钥匙。"②

　　显而易见，哈贝马斯以实践主体为其哲学出发点的做法，带有马克思和海德格尔哲学的烙印，不过他更强调实践主体的语言沟通能力和语言对话活动。在这种实践主体的语言对话活动中，实现了理论与实践、理智与行动之间的统合；实现了个体与社会、符号互动与背景关联、交互主体的共存与生活世界的统合，使胡塞尔从先验的原始自我出发，来构造客体和交互主体以至整个自然的和社会的生活世界，因而陷入先验哲学的"乌托邦"转入现实的生活，并在哲学史上完成了一个"范式变化"，即从意识哲学向语言实用学的转向。此外，哈贝马斯无疑偏重并采纳了胡塞尔生活世界的非课题特征和奠基性的作用，但是，当哈贝马斯从语言或符号互动所产生的日常生活的开放

---

① 倪梁康：《现象学及其效应》，生活·读书·新知三联书店1994年版，第315页。
② 同上书，第347页。

性、交互性的认知行动结构或背景性关联来理解生活世界和交互主体的共存，而不是将其作为先验的自我筹划、构造的产物时，又淡化了胡塞尔生活世界的主观性、相对性特征，改变了胡塞尔所赋予生活世界的原有含义，超越了胡塞尔先验哲学的意向，突破了它仅仅关注作为本质心理学的现象学研究领域。从此意义上说，胡塞尔先验现象学应称作"单个主体的哲学"，哈贝马斯的社会交往行动理论应称作"交互主体的哲学"。从这种新的哲学立场出发，哈贝马斯批评胡塞尔道："由于主体哲学看不见语言交互主体性的特殊意义，因此胡塞尔无法认识到，交往的日常实践本身已经建立在观念化的前设的基础之上。"① 在此，哈贝马斯实际上是以凸显语言和行动导向的背景构成的哲学新途径，来反驳胡塞尔现象学所追求的"无前设性"、"无成见性"的理想，同时也表明哈贝马斯对胡塞尔"生活世界现象学"的观念是经过严格的厘清与修改之后才被纳入到他本人的"理性联盟"之中的。总之，在"生活世界现象学"的理论方面，哈贝马斯和胡塞尔有着千丝万缕的关联，诚如著名的哈贝马斯哲学的研究家麦克伽塞所说："从胡塞尔的先验现象，经过许茨的'社会世界'的现象学，直到今天的现象学社会学和人种方法学，这已经形成一个传统，在这个传统中，理解社会学的基础已经在生活世界理论的形式中得到了发展。哈贝马斯在众多的论著中展示了这个传统的最重要立场。"② 并为跨越在"纯粹"科学和社会现实、理论与实践、认识与兴趣之间的现代深渊，沟通胡塞尔意识现象学和马克思主义的社会哲学，提供了一个具有"直接性、总体化力量和整体论的状态"特征的"坚实的背景统一体"。

二　理解、反思与意识形态批判

与胡塞尔的先验哲学相比，哈贝马斯的社会批判理论与伽达默尔的哲学解释学具有更为直接的亲缘关系。语言的对话逻辑在哈贝马斯的社会交往行动理论中同样起着核心作用。此外，二者又有着共同面

---

① 倪梁康：《现象学及其效应》，生活·读书·新知三联书店1994年版，第357页。
② 同上书，第366页。

对并试图解决的哲学问题：他们对工具理性和"科学的客观化方法"的共同批判，他们对实践与技艺的区别，他们共同对对话和解释性知性的注重，以及他们企图把理论与实践联系起来的某些方式。正因为二者之间存在着的理论渊源和诸多方面的一致性，所以，发生在社会批判理论与哲学解释学：哈贝马斯与伽达默尔之间的论战就显得尤为复杂。诚如《主体性的黄昏》的作者多尔迈在其书中所评论的那样："这场论战的复杂性源自于它缺少双向性，来自冲突的复杂混合以及两位角斗者之间的意见一致。"① 大体上说，哈贝马斯与伽达默尔之间的冲突与论战，主要表现在两个层面上的分歧。首先是对待启蒙的态度不同，伽达默尔唯一关注的是传统本身，因而只留意到了语言的媒介性理解，只是描述性地叙述以及保守地捍卫主体的先入之见，即解释学的前理解语境或所谓的"效果历史"，忽视并抛弃了自笛卡尔以来主体的反思、批判的怀疑态度这种具有开放性、解放性传统的合理性。哈贝马斯则反其道而行之，继承并发展了正在增长的准笛卡尔式的理性主义爱好，同时在语言沟通的理解中，使理性的反省批判的怀疑功能在自己的著作中得到了更为有力的表现。在他看来，解释学的理解活动固然要以传统背景为基础，但若夸大传统的优位性而使之成为先于任何批判与反省的不可动摇的本体存在，则会使理性的反省功能完全让渡给理解与解释。那么，理性势必变成闲散无用的好奇心，或者沦为某种权威性的工具。基于这种观点，哈贝马斯始终坚持解释学理论不是规则指导下的实用技能，而是一种意识形态批判，坚持批判理论的目标是对社会和我们的历史进行批判。在此，哈贝马斯捕捉到了伽达默尔意向性解释学的局限性。作为对这种哲学意向的解毒剂，他把解释学结合到精神分析学上并运用于对社会的分析与批判，使语言理解这种符号架构对于现实条件依赖性的解释学经验变成了意识形态的批判，使理性由仅仅问是"什么"的问题，转变成同时又是问"为什么"的问题。由伽达默尔的历史继承性原则转变成哈贝马斯的现实批判的原则。

正是在这种转变与超越中，合乎逻辑地发展出哈贝马斯与伽达默

---

① 弗莱德·R. 多尔迈：《主体性的黄昏》，上海人民出版社 1992 年版，第 401 页。

尔在对语言传统问题上的正面冲突和论战。由于伽达默尔哲学中语言传统的本体论倾向，乃至要求对言语中无法理解或曲解的东西的解释，也要回到传统中去。在他看来，虽然人们不能要求传统的东西在原则上都符合真理，但它却是客观的。在任何理解或误解发生之前，传统的东西就是"事实上已确定的意见一致性"。所以，这种语境要求解释者永远从由传统支持的前理解出发，同时在理解活动中不断形成新的前理解和意见一致性。依照哈贝马斯之见，伽达默尔在历史生活语境中，假设交往模式的完全"一致性和可能性"，实际上是一种语言组织的唯心主义。"阐释学见解的唯心主义，在于它本身是个不可接纳的理想化表述，这种理想化即指社会关系和社会相互作用的动力基础之语言组织对话已达到了'完美无缺'的程度。"① 这种假设使得意义和无意义之间、真正的理解与假的类型之间难以区分，因而无法处理意识形态和无意识的动机，如行动者和主观意义掩盖或歪曲了社会关系的实际结构或他们的真正动机。哈贝马斯则认为，我们所继承的语言传统，或被现成给予的意见一致性很可能有"肮脏的手"，可能根本就站不住脚。由似乎"合理的"方式取得的意见一致，或许来自于在种种压抑力量支配下，由病态语言所产生的伪交往或无效交往，或来自于由共同性极低的语言原始符号内容所产生的曲解性交往。批判理论的任务当且仅当就是揭开曲解交往之谜，批判导致曲解的意识形态扭曲，使沟通得以正常地展开。沟通的正常进行有赖于一种反思批判的标准和合理交往的标准相辅相成的"理想的言语情境"。在这种情境中，反思、批判的标准为实现在语言和行动中平等交往，扫除障碍，鸣锣开道。而意见的一致、真理的实现，则是这种打开解放之门的反思、批判的必然结果。在此意义上，可以说哈贝马斯的交往理想不是"理解"的本体论的先决条件，而是通过反思、批判的"解放旨趣"获得的一种可能性。他在理解活动中所提出的普遍性，不是解释学意义上的理解的普遍性，而是意识形态批判的普遍性，从而用"一种解释曲解的科学"取代了伽达默尔本体论的解释学。

---

① 弗莱德·R. 多尔迈：《主体性的黄昏》，上海人民出版社 1992 年版，第 408 页。

三　语言、生产与交往行动

与现代西方其他哲学家相比，哈贝马斯的主要工作不是破坏，而是重建哲学的理性。他的"重构主义"的努力，尤其表现在他把历史唯物主义不是简单地作为对记叙性的编年史工作富有启发式的指导方针，而是当作一种社会进化的力论，意在这种意义上重构马克思主义的遗产，试图将这份遗产更密切地与他的发展逻辑相一致。作为马克思主义哲学的后继者，哈贝马斯十分清楚，理论只有诉诸实践才有力量。但是，与批判理论关于人类解放的理想相联系的实践，不是生产和劳动等征服自然的概念，而是一种与语言沟通、交互作用这些主体间性的范畴相关的交往的日常实践。所以，当哈贝马斯同马克思一样，将哲学的研究视角从"纯粹精神"的领域，转向现实生活的世界时，他们虽然立足于"地上"这同一场所，但却先后从两种截然不同的基点出发，循着各自不同的理论发展轨迹，以"生产和再生产的范式"、"语言理性的范式"来解说人的社会行为和人与人之间的交往，形成了马克思基于物质生产活动的交往思想，以及哈贝马斯以语言为本的交往行动理论。

严格说来，马克思并没有以交往为定向的综合研究理论，而是在阐释社会存在的现实基础及其历史变迁、发展的社会根源时，提出交往概念，论及交往问题。而哈贝马斯则把交往作为他的哲学研究主题之一，并将它作为架构合理化的生活世界的支柱、促进社会进化的契机和重建马克思历史唯物主义的理论基石。由于交往问题在马克思、哈贝马斯的社会哲学中分别占据着不同的地位，扮演着不同的角色，所以，二者有关交往的见解，理论内涵便存在很大差异。这种理论上的差异，首先源于二者观察问题的立足点和解决问题的思维方式不同。

实践观点是马克思理解人、理解社会及其历史发展的新的哲学思维方式。这种新的哲学思维方式克服并超越了两种最通常的传统的观察历史的方法，即抽象的经验论者只是诉诸"一些僵死事实的搜集"而倾向于还原主义的解释原则；唯心主义只是诉诸"这种或那种意识"而倾向于思辨的原则或理性的规定性的解释原则。实践观点的前提是人，但不是处在某种幻想的与世隔绝的、离群索居状态的人，而是处于一定历史条件下从事实际活动的，可以通过经验观察到的发展过程中的人。实践的思维方式就是从人之为人的自身存在根源去理解人，"从现实的、有生命的个体"的基本生存活动，去理解人与人之间的各种社会交往现象及其多义属性，从人的历史地发展变化，去把握交往形式的历史制限性及其变迁。一切社会交往现象都可以从从事实际活动的诸个人作为参与者的物质生产和再生产的活动方式，从生产力和分工的历史发展得到解释。易言之，实践的思维方式也就是立足于活生生的具体的和现实的人，并在其最基本的物质生产活动的广阔历史背景中来理解和把握社会的交往现象。社会批判诠释学是哈贝马斯理解理性、社会结构与社会进化的社会探究方法。这种方法作为对各种不同的、以社会为对象的理解方式考察、批判的结果，作为实证论的因果解释，诠释学的意义理解与意识形态批判的辩证综合，一方面，它反对脱离经验成分而囿于纯思辨先验形而上学玄想的主体性哲学的方法论；另一方面，它又试图从原则上消除和超越只从消极意义理解理性和语言，从而囿于单一的解释性理解那种直接形式的经验分析的社会探究模式，主张把历史——释义学的侧度和批判的侧度合为一体，同时以历史为指向并具有实践意图的社会理论。和马克思一样，哈贝马斯同样认为哲学应隶属于它所反映并必须回到现实世界，内在于哲学的种种观念不可能由思想本身来实现。但是，他进行社会批判的实践现实化的前提条件则是情境性介入的"实践理性"。由于实践理性的各个向度——认知与行为——都须透过语言来表现，并在主体间的往返对话中，既展示理性超越自身主体性格局的开放性，同时又保持其批判性和统一性的双向功能。所以，这种方法的规范——理论性基础则定位于使人类超出自然并渗透在日常生活中的语言。社会、文化、个人、政治、道德、理性，以及一切至关重要的社会问题都可以在人们日常话语的交往结构中得到解释；现实与批判、理性与实践、社会与进化、理解与解放交织并统合于对话的合理性重建中。概言之，这种基于语言交往结构的理解方式，可以说是经验的，但对社会现实的分析又不是坚持在经验给定的东西上面；是哲学的，但又不是按全部知识的意义或原理从整体上解释、批判经验上变动不定的现实；是历史的，但又非历史主义的探讨曾经是、现在是、将来是人们整个"生活世界的普遍结构"或揭示"理解"的普遍先验条件；是实践的，但又不是在经济的、政治的"强制"性意义上来论证社会文化革新的目的和一体化的生成与协调，以及造成自主的、负责的和成熟的人，实现人类解放的前提条件。

不同的思维方式、不同的观察视角，必然形成不同的交往思想或理论。从哲学的定向看，马克思以劳动——物质生产实践为基础的社会交往思想，实际上就是从人与自然的物质交换关系来揭示人与人之间的诸种社会交往关系，以及由此形成的社会形态。马克思认为，人是一种类存在物，"人的类特性恰恰就是自由的自觉的活动"。人改造对象世界的活动不仅使其在天然本性上区别于动物种的存在，而且使之成为一种融解在普遍关系中的存在。人在改造无机自然界的劳动过程中，不仅生产出他同自己的对象和生产行为的关系，同时也生产出其他人同他的劳动和他的产品的关系，以及同他人的关系，而人同自身的任何关系，也只有通过他同他人的实际交往关系才能得以表现。所以，人的类本性表明：人只能存在于同他人内在统一的一体性关系中，也只能存在于同对象世界的内在统一的一体性关系中。人同自身"对象性的，现实关系"，人同他人、他物的"实际交往"不是外在于而是内在于人对自然的改造过程中。人的类特性——劳动本身就内含并表现为双重关系：一方面是人与对象世界的自然关系；另一方面是人与他人的社会交往关系。在此意义上，劳动本身就决定了人是关系中的类存在物，决定了人们的物质和精神交往的诸种形式与特质，决定了民族与民族，国家与国家之间交往的历史制限性和交往的地域性。因此，一定个人所从事的现实劳动和积累起来的劳动，是人们社会交往、社会结构的产生和发展的前提条件。

与马克思不同，哈贝马斯则另辟蹊径，沿着一条迄今还没有充分考察过的，可能引向另一种正好相反方向的道路，铺陈出了他的社会交往理论。哈贝马斯批评马克思把注意力过于集中在物质生产的实践中，以致忽略了社会主体的规范性结构并非简单地遵循着再生产发展所走的道路，而是有着某种内在的历史，忽略了实践与进化不能完全化约为技术；理论与知识不能完全化约为有目的的或工具式的理性；忽略了人的交往行为或相互作用领域内的理性化过程，既不能还原为生产领域中的理性化过程，也并非后者的直接产物。这种化约的结果，使"马克思主义社会理论的规范基础方面，从最初起就缺乏某种明晰性"。① 在哈氏看来，劳动和语言同作为精神的"中介"，相比之下，对于人这种"存在于口语交往结构中的生物"种来说，语言更具有普遍的、无可回避的、先验的约束性力量。如果说存在的先天性使人的实际生活成为可能、思想的先天性使人的科学知识成为可能、情感的先天性使人的深层交往成为可能。那么，存在、思想、情感的先天性均蕴涵在语言的先天性中。正是语言的先天性，使我们从自然中走了出来。随着第一句话的说出，说出了一种普遍的、非强制性的交往意向。正是语言的先天性使人类的文化再生产、社会的交往、社会的整合与进化成为可能。从人类的个体发生学来看，人的话语行为使每个个人所具有的普遍资质（认知、语言、相互作用三种结构性侧度）不是作为孤立的单子，而必然要成长并进入"生活世界"的符号化结构中。人的话语交流或符号互动不仅使说者与听者在其中相遇，同时又将每个参与者置于与世界的关联中，即置于与可能的事实的"外在世界"的关系中；置于与任何一个独特的主体才能认知的"自己的"内在世界的关系中；置于与主体相互肯认的"我们"共享的社会生活世界的关系中。凭借语言在主体间的往返对话，使每个参与者能够相互理解，凝结共识，构成某种先于行动又指导行动的"情境界定"或"知识背景"。而这种背景关系则以参与者相互认可的语言的普遍有效性要求为基础，既要求人们的陈述具有真实性，要求人们的规范和价值具有道德—法律的正确性，也要求人们的美学的自我表现具有真诚性。每个个体都会在真实的、正确的、真诚的语言交往与沟通中，被埋进相互期望、相互理解和相互肯认的社会交往的网络中；每个个体经验的客观性都会在语言的沟通中，一开始便结构性地与主观的、客观的、社会的三个"世界"相关联；与文化更新、社会的整合和个人社会化的需求交织在一起，形成具有高度文化要求的一体化和整体行动的世界，而一切所谓社会劳动则无一例外地运作于这样的交感背景下或生活世界中。生活世界所具有的那种强烈而隐蔽的直接性、总体

---

① 哈贝马斯：《交往与社会进化》，重庆出版社 1989 年版，第 158 页。

化力量和整体性状态，奠定了任何一种知识模式和行为方式无法摆脱的基础。因此，尽管物质再生产领域与生活世界的符号再生产领域，在社会演化的进程中各自有其自身内在的发展逻辑；但是，系统的物质生产的功能整合，应该以生活世界的符号再生产的社会整合为其组织化的前提条件。因为，物质生产或劳动作为人们的工具行为、战略行为和有目的的理性行为，每一个主体都会遵循着他已经为自己确定的偏爱和决策准则，并且这种偏爱和决策准则又是独白式的，完全不顾及是否与其他主体的一致性。所以，由有目的——理性支配的战略行为系统，必须以语言交往的方式被嵌入到主观际的约束性规范中，以产生一体化或团体化的效果；由工具行动理性选择所形成的系统机制或制度化组织，必须以符号互动架构起来的生活世界的理性化为其分化的起点和前提。如果脱离了生活世界的理性化、脱离了社会整合的协调机制，那么，沟通理性以语言为整合媒介的协调共识，就会在工具理性日益膨胀的选择中，均被纳入到“非语言化”的战略行为系统的单向思考的操纵机制中；生活世界的社会整合就会在物质再生产能力的扩大、系统复杂化增加的功能整合中萎缩成次级系统，直至形成“系统对生活世界的殖民”和宰制。因此，生活世界的再次解放端赖于“沟通行动理性”的重建。沟通行动理性的交往活动可以恢复生活世界的再生产动力，强化理性的力量，重新协调符号再生产和物质再生产之间的失调现象，使再语言化的互为主体性的往返动力，重新扩展为社会演化的基础。由此可见，主体的行为交往和互动一致，以及由这种协调一致所形成的文化再生产、社会整合与个人社会化，进而由它所推动的社会进化，不是有赖于诸如物质生产实践的经济力量和阶级斗争的政治力量（阶级斗争只能建立起某种混乱的，未加充分分析的联结），而是有赖于人类有机体的先天装置——语言能力，有赖于凭借语言来进行的交往模式，有赖于这种交往模式所形成的真正生活世界的理性化。总之，社会即为系统，但是其动力不只是服从系统的自律性（或权力）扩大的逻辑；确切地说，社会进化发生在生活世界的逻辑范围里，这种逻辑的结构不仅取决于语言上产生的交互主体性，而且建立在可批判的检验的有效性上。

由上可见，马克思的交往思想和哈贝马斯的社会交往行动理论，从根本上说是二者观察问题的视角不同，从交往共同体的物质——事实和一般交往规范——理想的对立之中，必然使得二者的理论架构具有不同的意蕴和特质。马克思基于物质生产实践的交往思想，注重的是人与自然的物质变换过程中所形成的人与人之间的生产关系、经济关系、阶级关系以及由此决定的其他社会关系，凸显的是个人与个人、民族与民族、国家与国家之间的物质交往、利益交往和阶级交往关系，以及所采取的与之相应的敌对和统治、贸易和战争等诸种交往形式。而哈贝马斯基于语言互动规范结构的社会交往行动理论，注重的则是人与人在话语交流过程中所形成的主体间，在思想观念、语言符号、道德价值等精神方面的联系，凸显的是主体间的精神沟通、视界融合、道德同情等交往关系，以及在相互肯认语言有效性前提下的话语交流形式。马克思把现实的劳动和积累起来的劳动作为人类所有交往活动发生与发展的前提条件，同时也揭示了基于物质生产活动基础上的诸种交往活动的历史制限性，以及在生产力和分工的特定历史条件下，物质交往的第一性和基础性，交往在政治与经济方面所表现出来的不平等性、差异性、强制性和交往的地域性。而志在"重建历史唯物论"的哈贝马斯则把语言符号的互动沟通模式作为包括劳动在内的人类"普遍行为"和社会进化的背景基础，寻求构建自我发展的一般理论，"揭示理解"的普遍条件，以及强调语言"互动"或"沟通"在范畴和本体论原则上的优先地位，交往在语言方面的平等性、同一性和对话性，以及基于个体发生学基础上的语言交往模式的普遍性、规范性和非历史性。在马克思看来，"普遍交往"和理想"共同体"的实现，归根到底有赖于"生产力的巨大增长和高度发展"，而不是理论演绎的结果。生产力的普遍发展是使狭隘地域性的个人为世界历史性的、真正的普遍个人所代替，各民族突破原始闭关自守状态走向世界各民族人民之间的普遍交往；历史向世界历史转变的物质基础。生产力的普遍发展以及在此基础上建构起来的世界交往的普遍性，是消除异化、达到人的全面发展和解放，实现共产主义的现实前提。哈贝马斯也认为理想的交往共同体，既不是玄思或科学预见的产物，同样也不是"马克思现实抽象的概念"的结果，而是情境性介入的实践理性的结果。他认为，生产力本质上不受控制的盲目增长和发展只能造成人类与自然、人与人的对立与冲突；生产力和破坏力的相互紧密交叉，只能造成"传统生活世界的错位和后传统生活世界的破坏"，及其社会进化的一元化短路。因此，理想的交往共同体必须寄希望于一种理想的语言交往规范——沟通理性。沟通理性凭借主体间话语交流的往返动力是社会活力的"起搏器"。所以，不是物质生产力和分工决定着社会的交往和社会的发展，相反，在生活世界的符号再生产和生活世界的物质再生产的双重发展中，前者更具有决定性的作用。建基于话语交往结构上的社会交往，不仅是现存发展方式的再生产过程中的动力，而且也是社会发展模式改变的动力；理想的语言交往模式是"重建历史唯物论"的规范性基础，也是实现人类"解放的旨趣"的前工具性的先验前提。

如果说马克思基于"生产和再生产范式"的交往思想，突出的是交往活动的物质生产的客观性、历史性、经验性和现实性，那么，哈贝马斯基于"语言理性范式"的交往行为理论突出的则是交往行为的理论的规范性、超时空的逻辑性、超经验的先验性和超现实的理想性。由于马克思注重的是揭示社会存在和社会发展的历史根源，所以，没有或极少系统地论述主体自我如何在其物质生产实践中逻辑地通达其他主体；以及在对社会形态做实践改变，在对主体自身本性、资质做社会文化同化的生存境域中，交往实践的社会整合功能；在特殊的"文化生产"语境中，主体际交往与语言交往的游戏规则等。但是，这并不等于说马克思未对这些问题给予科学的阐释，提出它的现实的、理论的基点；并不影响跨学科的交往理论的建构，恰恰能从物质生产实践的现实基点上得到普遍的解释。哈贝马斯基于语言本体的社会交往理论，从基本理论上综合了当今社会出现的一些根本问题，其理论在国际上引起了很大的反响并占有举足轻重的地位。但是，他用"交往范式"来取代马克思的"生产范式"，既是建立在对马克思基本观点的错误解释上，又是建立在他的片面的、浪漫的、理想的交往模式上。哈贝马斯在对马克思主义的诠释过程中，常常是以自己预先铺陈的理论架构来批评、修改和取代马克思的历史唯物论。因此，在他"重建历史唯物论"的宏伟蓝图中，始终带有马克思主义研究中的两种修正的互补性的特征，即带有经济主义的和实践哲学的修正的互补性。他反对劳动和阶级斗争的片面的主客体思想，最后又陷入了以语言为中心的主体间性的片面性。这种试图通过人们内在的活动，即学习、思维、辩论等主观因素来参与当代社会生活，推动社会发展的交往行动理论，从论题上忽视了社会同外部自然的社会经济的发展关系；忽视了由劳动和阶级的历史所决定的社会交往的历史制限性和非语言的交往的可能性（诸如战争、物质交往的诸种形式），从而使其理论构思呈现出了相当浓厚的"方案"色彩。所以，当他将工具——认知意义上的物质生产实践，奠基于语言——规范的道德实践的逻辑发展模式上时，他的"方案"使人看到了把人类实践"逻辑化"的魔影。当然，尽管我们不能像哈贝马斯那样完全来个倒转，但是，他研究的全方位性和探讨方法的独特性，在当代社会科学和社会思潮领域里似乎是无可匹敌的。"在探讨个体发生和种系发生的过程及其意蕴方面，他的著作吸收而又丰富了诸如心理学，社会学，人类学和政治科学的治学方法……"[1] 他对主体交往行动的特殊规律或语言逻辑结构所作的跨学科的研究，对现代社会中文化革新的目的和一体化的产生、检验和协调具有某种直接实践的参考价值。更重要的是使我们意识到，探讨与研究主体交往行动体系理论的和现实的必要性和紧迫性。

---

[1]　弗莱德·R. 多尔迈：《主体性的黄昏》，上海人民出版社1992年版，第292页。

第二章

法国交往理论

　　法国哲学展示出一种与德国哲学从先验的分析到存在——本体论大致平行的运动。德国哲学发展的理路是：从一种关注先验意识之构成性功能的倾向开始，经过偏离以主体性为中心的"唯我论"过程，到海德格尔"西方形而上学的摧毁"的准本体论态势。法国哲学家萨特和梅洛－庞蒂以其敏锐的哲学触角，意识到了蕴含在胡塞尔和海德格尔的交互主体性理论中的内在精神实质和构思路数。他们分别在继承批判二者理论的基础上，以一种类似德国哲学从关注先验意识之构成性功能的先验分析到存在本体论的分析的理论发展，进一步推进了这一理论问题的研究。

　　尽管法国哲学运动的代表们通过哲学立场的连续性，从而保持了与他们的德国先驱们的联系，但是，从德国哲学到法国哲学学派的转折，远不只是一种地区性的改变。由于不同的社会历史经验和哲学理智的影响，其理论建树又别具一格。同德国思想家们具有相对较强的理论癖好，以及对社会政治缄默不语的状况相比，法国哲学不仅具有一种值得称道的理智多样性，而且对于干预社会、政治问题也表现出了较强的意愿。然而，对法国哲学家而言，"交互主体性这一主题词仍是各个哲学家所关心的共同问题——他们所关心的共同问题集中于同性与他者（Sameness and otherness）或内在性与外在性之间的关系。对另一个我的任何处理方式都要面临着一个基本的问题：这就是他人怎样才能既变异（alter）又是自我（ego）——换句话说，怎样才能把同类人与自我区别开来，因之同类人如何外于自我然而又能与自我相比拟？因而又是如何与自我内在地相联系着的？"① 在对这些问题的思索中，由于法国哲学的一些主要代表力求把胡塞尔、海德格尔、黑格尔的学说与存在主义融合起来，同时又力求把胡塞尔的学说与法国本土的笛卡尔主义遗产结合起来，结果不仅进一步将这一问题激进化，从而使其作品更富有启发性，并且最终导致了对这一问题所隐含的诸种悖论的进一步揭示。

第一节　萨特："他人就是地狱"

萨特的哲学可谓多种思想灵感的合流，因而常常被认作是一种没有原创性的"无新意的哲学"。在萨特的《存在与虚无》一书中，他用一种合并的方式把胡塞尔、黑格尔、海德格尔等多种主题混糅在一起，显示了一种首创的综合力量。在这个意义上，作为一位哲学家，萨特的原创性就在于对其所借用的概念重新给予了深入的解读，并且使得各式各样的因素在他的交互主体性理论中得到了最好的说明。所以，《存在与虚无》一书一进入法国哲学界，便使他一举成为法国居于最前列的"哲学家"之一。在这本书中，他既把黑格尔哲学当作对主体性关注中所固有的唯我论危险的矫正良方，同时又剥夺了黑格尔辩证法中所固有的绝对知识和总体化力量。然而，萨特哲学作为这种非中心论发展的开端，它既表现出对胡塞尔构成意识的眷恋，同时也彰显出它用一种存在遭遇来替代胡塞尔意向性方法的转变。因此，在交互主体性领域，他一方面继承了法国笛卡尔的哲学传统，从"我思"出发来探索存在，以期消除存在与意识的对立，建立一种现象学的一元论；另一方面，他又在黑格尔、胡塞尔与海德格尔哲学的多重影响中，既把"我思"的范畴解释为意识的虚无性、否定性与超越性，同时又使此在表现为一种主体性的个体谋划，力图用此在的存在遭遇，而不是认知性的方法，来表现自为之间以及自为和自在之间的

---

① 弗莱德·R. 多尔迈：《主体性的黄昏》，上海人民出版社 1992 年版，第 104—105 页。

冲突，使其交互主体性理论呈现出一种带有先验的、本体论的和辩证法色彩的胡塞尔主义。

一　存在与虚无

《存在与虚无》一书被誉为 20 世纪法国哲学的一个高峰。本书旨在对存在，或人的实存进行探索，其方法论原则是德国现象学家胡塞尔所提出的"回到事物本身"。"回到事物本身"实际上就是回到"我思"，回到一种不可还原的"反思前的我思"。"反思前的我思"作为"纯粹虚空"，其内在本质的否定性、超越性，不仅未使自我限囿于自身而成为自己的囚犯，反而为自我的自由绽出奠定了基础。

"我思"是探索存在、人的实存的逻辑起点。在这里，萨特与胡塞尔一样，都认为在哲学探寻的起点上，"我思故我在"是意识的绝对真理。但是，他同样与胡塞尔一样，并未沿着笛卡尔之路走下去。当胡塞尔批评笛卡尔我思的哲学旨趣是他的客观主义，而转向对意识的本质直观时，萨特则指责笛卡尔的我思作为反思的我思，实际上是一种认识性的我思，而不是它自身。这种我思是将意识抛到时间和世界之外，从而不仅生成了主体与对象、意识与存在之间的二元对立，而且也造成了意识的实体化，步入了传统唯心论的泥淖。为此，萨特不得不对他的哲学起点——我思——进行改造。这种改造的基本立场深受其师胡塞尔的影响，即追求意识的纯粹性，坚持"纯粹意识"的彻底性。基于这种哲学取向，他对近代哲学的认识论几乎给予了全面的批评与否定。他批评洛克是相信感知只是不完满地表现物理对象的表现实在论、贝克莱是相信上帝是外在的感知源泉的"非物质论"、休谟是只限于我自己的"印象和观念"的"现象论"、康德是人为自然立法的"先验唯心主义"，以及黑格尔是意识与意识的对象、自然与精神无非是绝对理念的展现的绝对唯心主义。此外，他还批评柏格森力图通过意识的创造性来统一意识与事物的努力，不仅使问题变得"永久性的模棱两可和永久性的转变"，而且意识的绵延也混淆了意识与事物，意识变成了一种"凝结的"实体。因此，柏格森主义所创造的精神状态不过是一种"欺骗性的肤浅的乐观主义"。他称赞胡塞尔的意向性概念，不仅找到了意识与事物之间"明晰的"区别，而且让意识从世界的干扰、侵犯中解脱出来，使意识获得了自由。但是，在萨特看来，胡塞尔虽然避免了笛卡尔的"实体本体论的错误"，不过，胡塞尔仍然关闭在"我思"之中，"胆小地"止于对"我思"功能描述的层面上。这种描述没有进一步探讨"存在的辩证法"，而只是仅仅局限于对现象本身做出叙述，因而使他未能避免"事物幻觉"，陷入了"纯粹的内在论"，在这个意义上，胡塞尔的现象主义与康德的唯心论之间有着异曲同工之处。所以，哲学的首要步骤就是要把一切异于意识的东西从意识之中驱逐出去，把有关客观的认识内容和主观的认识主体的意识全部剔除出去，回到"反思前的我思"，以净化意识，恢复意识与世界的真实关系。

回到"反思前的我思"，实际是对胡塞尔现象学加以彻底化的一种尝试，显示了萨特对于意识的一个根本状态的诉求，即在"我思"的存在中探讨"我思"。从"我思"的存在中探讨"我思"，表现了从"我思"的功能状态到"我思"存在状态的过渡。这种过渡的方法无疑继承并显示了胡塞尔本质还原的遗风，其导引则是纯意识的意向性，或"反思前的我思"。"反思前的我思"有别于胡塞尔的超验的自我。在萨特看来，超验的自我作为意识流中的同一的自我，意味着对于意识统一性的威胁，是一种类似"不透明的刀片"的分裂原则，最终会导致"意识的死亡"。所以，只有一种无人称的、不能被反思的、超出自我意识存在的非认识的意识才是完全透明的，因为它既没有主观与客观的区别与对立，也不是传统唯心论的实体。它既是回到这个意识的反思前的自我在场，同时也是具有为一个见证人而存在的"纯粹虚空"。意识发明它只是为了强化它自身的自我认同感，而意识到自身是"非个性化的自发性。它每时每刻在不可能知觉到它面前的一切东西的条件下也都决定着自身的存在。于是，我们意识生活的每一刻都向我们显示从虚无中来的创造性。这创造出的不是某种新的安排设计，而是某种新的存在"。① 因此，意识本身就是虚无，就是变化本身，就是存在的联系。一方面，"反思前的我思"作为"纯粹虚空"是实存的源泉，因为任何意识或心灵都不是一个可以容纳诸如观念、

① 理查德·坎伯：《萨特》，中华书局 2002 年版，第 16 页。

印象及意象之类东西的容器，同样，意向性作为意识的最基本特征，意向中的客体也不是由意识构成而依赖于意识的存在，相反，意识的所指物是与意识严格分离并独立存在的。但是，意向性作为意识的最基本的特征，它不仅具有摧毁内在性观念的功劳，从而将事物从意识中排除出去，同时，它又总是对某物的意识。"'意识是对某物的意识；意味着意识是作为一个存在的'被揭示—揭示'而产生的，这个存在的显现被意识揭示，同时也揭示了意识的存在。它不是意识，而且在意识揭示它之前就已经存在着了，这个存在就是'自在的存在'"。① "自在的存在"作为由意识直接所意识到的那个"自身之外"的存在物，是物理对象，而不是某种其他的、更神秘的存在。另一方面，意识的构成结构不是超验性，而是否定性与超越性。意识的否定性使其与存在截然分开，进而维护了自身的同一性；意识的超越性使其永远不满足于自身而趋向于存在。在这个意义上，自我不是意识的原有结构的一部分，而是意识构成行为的超越性的结果。总之，回到"反思前的我思"，回到这个意识反思前的自我在场，这便在意识中引入了一种"距离—虚无"。这种"距离—虚无"无疑是不可还原的，然而恰恰是在这种"纯粹虚空"的意向性基础上，从否定性出发理解意识的所有在场，同时也揭示了意识向着诸物、向着自我的超越性。因此，"不存在是在场的本质结构"。② 意识的否定性、超越性行为不仅揭示了意识与世界的关联，同时也显示了意识的内在本性：自由。

"非意识"、"非个人"的意识之流是构成自我、世界，以及其现象的基础，可谓萨特对胡塞尔现象学感到特别自豪的重大改造。依萨特之见，虽然"我们在胡塞尔的著作中得到关于意识的本质结构的逐步深入的阐明和出色的描述"，"但却从来没有提出本体论问题，也就是意识的存在的问题。同样，关于世界的存在的问题仍然悬而未决……我们从来没有从现象学还原回到世界上来"。③ 为此，解决意识与存在的关系问题则为萨特哲学的基本目标。在这个问题上，尽管萨

---

① 杜小真：《存在和自由的重负》，山东人民出版社 2002 年版，第 92 页。
② 萨特：《存在与虚无》，生活·读书·新知三联书店 1987 年版，第 240 页。
③ 赫伯特·施皮格伯格：《现象学运动》，商务印书馆 1995 年版，第 657 页。

特从来没有明确地反对过关于超验世界的学说，但意识基本上是"介入"一个具体的世界的观点，则表现了他放弃超验领域，以及对意识的人化或"世俗化"的转变。在这里，以前作为现象学轴心的东西现在被转移到了人的存在世界之中；自我不是从现实之中撤退到超验主义的庇护所下，而是世界中许多现象当中的一个现象。正是这种转变使现象学的研究完全建立在"人的存在层次上"，并且关注的是出现于具体的人的存在环境中的现象。那么，自我出现在"人的存在层次上"，但并不意味着意识的存在与它自身完全重合，因为意识从本质上就是虚无与变化，永远不能被规定为与"自我"重合。在这里，萨特的一个重要论点是："自我"不是主体，"意识与'我'——既是主体又是客体的'我'——的两面都是有距离的。意识既要对'自我'在场，显现自身，形成自我意识，又要对外部世界显现自己，也就是对世界在场。所以，'自我'是与意识相脱离的。"① 自我的这种存在方式是"自为的存在"的存在方式，有别于"自在的存在"的存在方式。"自在的存在"是存在的一种充分与充溢，表现为存在是其所是，其中没有任何些微的二元性的显露，它把无限的致密性集于一身。而"自为是这样一种存在，对它来说，它的存在在其存在中是在问题中，因为这种存在根本上是不存在的方式同时又是设定为不同于它的东西的存在"。② 换言之，"自为的存在"是自我规定自己的存在，它总是"在它的不是其所是和是其所不是的存在过程中，在不断要与'自我'重合的无限中，'自我'在事实上已经消失，让位于同一的存在。'自我'既不指示作为主语的存在，也不指示作为补语的存在。所以，'自我'代表着主体内在性对其自身的一种理想距离，代表着一种不是其固有重合、在把其重合设定为统一的过程中逃避同一性的方式。——由此，萨特得出一个关键的结论：人是虚无由之来到世界上的存在，意识于是成为自为的存在即人的内在结构。作为意识的人，本身只意味着一种意向性的活动。自为总是要不断地脱离自身，超越自身，超越对象。由于意识不同于自在，它有空隙，它把虚无引入世

---

① 杜小真：《存在和自由的重负》，山东人民出版社 2002 年版，第 141 页。
② 萨特：《存在与虚无》，生活·读书·新知三联书店 1987 年版，第 241 页。

界。虚无作为意识的结构出现，但永远不会达到完全的境地，也不会达到自在的永久，永远不能实现自己最终的本质（除非存在死亡）。所以，人的存在永远处在变化之中"。① 这样，如果自为的存在面对自我的在场的话，那便意味着它并不是自身，因为人的"存在先于本质"。在这里，无论人们是否苟同萨特的观点，但是，萨特从自在的存在与自为的存在这一角度来描述物理对象和人的意识，应当说是充分有力的，因为它为我们提供了一幅对于世界和意识的经验非常有意义的实在图景。

　　总而言之，萨特重新回到意识，并不意味着萨特对意识的看法与笛卡尔、胡塞尔如出一辙。萨特从意识去探寻存在的基本目标是：消除存在与意识的对立，建立一种现象学的一元论。为此，他把包括超验的自我在内的，一切异于意识的东西从意识中驱逐出去，同时他不是从反思的我思出发来进行存在的本体论证明，而是立足于"反思前的反思"的存在来揭示意识的本质、变化与存在的联系。更为重要的是清理：弄清我思，是为了反抗唯我论，来说明他人的存在，说明他人与我的存在的存在关系。这样，从意识出发，不是通过现象学的悬搁离开这个世界，相反，通过意识"纯粹的虚空"，回到世界，回到由"自为的存在"的自由活动开显的现象世界。在这个意义上，萨特的直接实在论是有关他者理论的本体论基础。

　　二　注视与冲突

　　从意识出发去探寻人的实存，并进而揭示他人的存在，以及自我与他人存在的存在关系，可谓《存在与虚无》一书中独具匠心的论述部分。在对这"两个完全不同的令人望而生畏的问题"的回答中，既展现了萨特与黑格尔、胡塞尔、海德格尔之间千丝万缕的勾连，也表现了萨特哲学的标新立异。因为从意识出发并不是寻着认识路线去探寻人的实存，而是置身于"存在的遭遇"之中，通过特定的情感或情绪去领会"他人的存在"、体会我们自身的基本真相；通过"注视"这样一种"魔术般的"功用，把社会关系解释为一种基本相互冲突的

---

　　① 杜小真：《存在和自由的重负》，山东人民出版社 2002 年版，第 141—142 页。

关系，"他人就是地狱"便是这样一种主体际关系的精辟概括。

依萨特之见，现代哲学中一个无人问津的经久问题是"他者意识"问题，对实在论者而言，他人的存在理所当然，因而当它企图通过世界对思想实体的作用来进行分析认识时，既从未真正为他人问题感到不安，也不关心建立各种思想实体之间的直接和交互的作用。唯心论者，如康德事实上只是致力于确立主体性的普遍法则，因而他既没有涉及个人的问题，也没有把他人的问题列入他的理性批判之中。这样，对康德而言，"各意识之间的关系根本上是不能想象的，他人的概念不可能构成我们的经验：必须把它和目的论的概念一起归入谐调的概念中。因此，他人属于'好像'的范畴。他人是一个先验的假说，除了他允许在我们的经验中起作用的那个统一之外没有别的理由，而且不可能无矛盾地被思考。"① 事实上，在他人存在问题的起源上，实在论与唯心论共同的先决条件是：他人，即别人，不是我自己的那个自我，由这种否定便成了他人之存在的构成性结构。这种构成性的否定是一种外在性的否定。因为"他人，就是不是我和我所不是的人。这不是指有一个虚无是分离了他人和我本身的特定的成分，或说在他人和我本身之间有一个进行分离的虚无。这个虚无不是起源我本身的，也不是起源与他人或他人与我本身的相互关系的；而是相反，它作为关系到的最初的不在场，一开始就是他人和我之间的一切关系的基础。事实上这是因为，他人在对一个身体的感知之上经验地对我显现，而且这个身体是外在于我的身体的一个自在；统一和分离这两个身体的那类关系有如互相之间没有关系的事物之间的关系，有如由于被给定而是纯粹外在性的那样的空间关系。"② 因此，实在论者相信通过他人的身体把握了他，并认为作为一个身体的他人是与另一个身体是分离的。唯心论把我的身体和他人的身体还原为一些客观的表象系统。其结果是：由于他人在一个空间世界中向我们揭示出来，所以，也正是实在的或理想的空间把我们与他人分离开来。如果以两个分离的实体的角度去看待我本身和他人，那么，唯我论也就不可避免了，

---

① 萨特：《存在与虚无》，生活·读书·新知三联书店 1987 年版，第 314 页。

② 同上书，第 308—309 页。

而导致近代哲学步入唯我论的方法论基础则是：肯定我与他人的基本联系是通过认识来实现的。

逃避唯我论，触及他人问题，可谓胡塞尔、黑格尔与海德格尔哲学努力的目标之一。在萨特看来，尽管胡塞尔对古典唯心主义，特别是在认知方法上，对康德哲学有重大的发展，提出了一种交互单子式的平行论以及他人是"一个世界之构成所不可或缺的条件"，但是，由于胡塞尔依循着纯粹的意向性的——被意向的程序，因而他人不过是"空洞的意向对象"，作为在"原则上是被拒斥和逃逝着的"对象，唯一的实在其实只是"我的意向性的实在"。继而"把存在还原为一系列意义"，并"在我的存在和他人的存在之间所建立的唯一联系，就是认识的联系；因此，他像康德一样不能逃避唯我论"。① 与胡塞尔相比，黑格尔的辩证法优势在于：在一种本体论层面上设定了一种人类内在的相互独立性，并论及了交互主体性问题。在《精神现象学》中，黑格尔认为，"事实上，他人的显现对构成世界和我的经验'自我'不是必不可少的：对我的作为自我意识的意识的存在本身才是必不可少的"。② 因为自我意识作为纯粹自身的同一性和纯粹的自为的存在，是通过排斥一切他人而与它本身同一的。"这样，黑格尔的天才直观在这里使我在我的存在中依赖别人。他说，我是一个只由于一个别人是自为的自为的存在。因此，别人是渗透到我内心中的。我要是不怀疑我自己也就不能怀疑他，因为'自我意识是实在的只是因为他在一个别人中认识到自己的回声（和反射）'。"③ 所以，人类的"诸种意识是在它们存在的相互交错中直接互相依持着的"。由此可见，"黑格尔在这里不是站在从我（通过我思被理解）到别人的单向关系的基础上，而是站在他定义为'一个在另一个中的自我把握'的相互关系的基础上"，揭示了意识的问题，以及他人的问题。④ 不过，当萨特赞赏黑格尔的学说是对自我学的自我封闭的矫正时，他同时也指责黑格尔在认识论和本体论两个领域都犯了乐观主义的错误。在认识论

---

① 萨特：《存在与虚无》，生活·读书·新知三联书店1987年版，第314页。
② 同上书，第314—315页。
③ 同上书，第317页。
④ 同上书，第315—316页。

上，黑格尔没有意识到自为的意识存在之间的冲突，而且在黑格尔那里，自为的意识存在是作为另一个我的一种知识对象而出现的。萨特认为，"如果他人首先是作为我的对象，我就不能在他人中认识自己，而且我同样不能在其真实的存在中，就是说在其主观性中把握他。任何普遍的认识都不能得自诸意识间的关系。我们正是称这为它们的本体论分离化"。① 在本体论上，黑格尔只是通过"大全"或绝对知识的一元论来考察他人，这便使他看不到个体的本体论分离。结果是：诸意识的离散和斗争仍然是其所是，我们所能发现的只是它们真正的地基。其实事情很简单，要超越唯我论，就要把我和他人的关系，归结为存在与存在的关系。这种关系，既不是胡塞尔所主张的认识与认识的关系，也不是如黑格尔所认为的认识和存在的同一。

如果说萨特受胡塞尔、黑格尔的影响，表现为从消极意义上拒绝从认知的角度来说明他人的问题的话，那么，他受海德格尔的启发，则表现为从积极的意义上按照一种"存在关系"来说明人的实在及其与他人的相互关系。依海德格尔之见，"（1）诸种'人的实在'的关系应该是一种存在关系；（2）这种关系应该使诸种'人的实在'在其本质存在中互相依赖"。② 因此，海德格尔是在表现人的实在的特征的"在世的存在"中发现："交互主体性是人的此在的一种基本结构的相互关联，所以他把交互主体性视为在世的存在；而且此在和另一个我之间的关系，包含着一种内在相互性和交互独立性，——这种交互独立性此时此刻'并不是从一种外在的和黑格尔式的总体主义的观点建立起来的'"，而是以"共在"或"与……一起存在"的存在方式成为在世的。③ 所以，"最能象征着海德格尔的直观的经验形象，不是斗争的形象，而是队的形象。别人和我的意识的原始关系不是你和我，而是我们，而且海德格尔的共在不是一个个体面对别的个体的清楚明白的位置，它不是认识，而是队员和他的队一直隐约的共同存在，许多桨的起落节奏，或舵手的有规则运动使划桨者感到这种存在，要达

①　萨特：《存在与虚无》，生活·读书·新知三联书店1987年版，第324页。
②　同上书，第326页。
③　弗莱德·R.多尔迈：《主体性的黄昏》，上海人民出版社1992年版，第109页。

到的共同目标，要超过的木船或快艇，和呈现在视野内的整个世界向他们表露了这种存在。"① 正因为此，虽然萨特认为海德格尔以一种"存在关系"来解释人的交互共在是可取的。但是，因为他过分强调了共在，因而忽视了存在的遭遇和人类主体间的对抗；也因为他把共在作为此在的绝对结构，所以也就抹杀了另一个我的特性，以及具体经验到的他人的独特唯一性。这样，一种本体的、先验的共在，就难以与"一种具体的人的实在的实体性"联系起来，从而使其孤立起来，再陷唯我论的泥坑。诚如萨特所说，"海德格尔没有脱离唯心主义：他的逃离自我，作为其存在的先验结构本身，像康德对我们的经验的先验条件的反省一样确定地使之孤立起来；事实上人的实在在不可能达到这种逃离自我的限度内发现的，还是自我：逃离自我就是向自我逃离，世界显现为自我与自我之间的距离。因此，《存在与时间》要同时超越一切唯心论和一切实在论的努力是徒劳的"。②

毋庸置疑，唯我论是应该被抛弃的，因为它是不可能的；因为任何人也不可能是唯我论者；因为"我思"证明了我总是知道他人存在着，关于他人的存在并不是一个空幻的臆测和纯粹的虚构。萨特认为笛卡尔虽然没有"证明"他人的存在，但事实上我总是在实践着我思，我也总是知道我存在。所以，一种关于他人的存在的理论只应该在我的存在中向我考问、阐明和确定这一肯定意义，尤其是说明这种可靠性的基础本身，而不是发明一种证明。那么，从"我思"和否定行为出发描述人的实在，虽具有一种逻辑必然性的分离性和无共同尺度的"意识的复合性"，但这并不影响顺着这条路线重新遇到一些意识的样式，发现自我"在自身中严格保持为自为"。"这样，必须要求自为为我们提供为他，必须要求绝对内在性把我们抛进绝对的超越性：我应该在我本身的更深处发现的，不是相信有他人的理由，而是不是我的他人的身体。"③ 而他人之所以应该能够向我们显现，是因为有一种直接的理解，在我思或"在反省的范围内，我唯一能遇到的意识是

① 萨特：《存在与虚无》，生活·读书·新知三联书店1987年版，第328页。
② 同上书，第332页。
③ 同上书，第334页。

我的意识。但是他人是我和我本身之间不可缺少的中介：我对我自己感到羞耻，因为我向他人显现。而且，通过他人的显现本身，我才能像对一个对象做判断那样对我本身作判断。因为我正是作为对象对他人显现的"。① 所以，通过我思或"自为向我们释放出他为"的取向，便使他人的存在具有了本体论的必然性。因为就每个人的内在性而言，都具有一种绝对的超越性。通过这种内在的绝对超越性的"释放"和"抛入"，必然会将我思和另一个他我联系起来。不过，这种"释放"和"抛入"不是用理智型的认知程序来淹没另一个他我，因为那样只能把他人作为"空洞意向的客体"，无法把"自己与他人内在地同一化"，由之也无法逃避唯我论。"释放"和"抛入"就是将自身置于"存在遭遇"中，通过羞耻的意识样式，"自我推到为他"，使他人的存在成为一种"偶然的和不可还原的事实"；使我在和他在的存在关系成为"一种不可化约的事实"。诚如萨特在《存在与虚无》中所说的那样，如果他人存在的必然性是存在的，那么，"他人既不是一个表象，也不是一个表象体系，也不是我们的表象的必然统一，他不能是或然的；他不能首先是对象。因此，即使他对我们而言存在，也不能作为我们对世界的认识的构成因素，或作为我们对我的认识的构成因素而存在，而是因为他'涉及'我们的存在，而且，这不是因为他先天地有助于构成我们的存在，而是因为他在我们的散朴性的经验具体地并'本体地'涉及我们的存在。"② 如果说我思与他人的共在是一种"偶然的必然性"。那么，通过他人，即"一个对我的存在'感兴趣'的自我"，我不仅"能像对一个对象做判断那样对我本身作判断"，同时，我也认识了我的身体。身体是我的意识的结构，如同柏拉图所主张的那样："身体，就是使灵魂个性化的东西。"③ 因此，他人不只是向我揭示了我是我，还在一种可以支持一些新的质定的新的存在类型上构成了我。从存在论的层面上看，意识与身体的关系就表现为：我使我的身体存在的作为自为的存在的身体；他人的身体对我

---

① 萨特：《存在与虚无》，生活·读书·新知三联书店1987年版，第298页。
② 同上书，第335页。
③ 杜小真：《存在和自由的重负》，山东人民出版社2002年版，第215页。

表现为我对其而言是对象的主体的作为"他为"的身体；以及我的身体被他人认知作为我的为他人的身体。基于对身体的三维论述，萨特确定了我与他人的基本的原始关系，进而又考察了我与他人的在场中的"自为"与"自在"关系，以及通过对待他人的诸种态度——爱情、语言、受虐色情狂和冷漠、情欲、憎恨、性虐待狂——所显示出来的诸种关系类型，揭示了人与人之间的许多复杂性都是这些原始行为的多样化；指出"在我与他的关系中是没有辩证法的——有的只是一种循环——虽然每一种欲望丰富了另一个人的失败。每一种欲望都会引起另一种欲望的死亡"。①

　　人际间的"存在遭遇"，主要表现为人们彼此间的相互注视。当我在某种特定的场合注视着他人时，他人是作为一种具体而明确的现在既定给我的，他人就是"是"，是我无法从我自身或从认识意义上推导出来而只能忍受的无法怀疑的事实，对于这个确定事实，我同样不能对它进行客体的现象学还原或任何其他的"停止判断"，而只能把它作为"同一世界内有离心力的与分离的'滑溜物'来体验"。然而，当我注视着他人时，他人也必然会以同样的方式指向我的注视。"首要的是，你会把他的审视解读为自己'被看'的一种确证。他（对你）的审视的最直接后果是，你不是把你的注意力投注到他身上，而是到你自己身上。猛然间，你意识到了你自己是在他的视觉领域内的一个对象、在他的世界当中的一个易遭审察的身体，你的注意力被吸引到你自身的形象上"。② 换言之，在他人的注视下，我突然意识到自己是一个"为他的客体"，我的"超越"变成了一种纯粹的"被超越的超越"，我所原有的无限敞开着的、难以形容的潜在性、可能性，在他人的注视下被凝固化和异化，变成了"某个人"而交付给他人来评价。这样，他人便成了一种我不能驾驭、不能客观化的自由主体，而我却降为"一种无力护卫自由的存在"；他人成了这种境况的主人，而我则成了他人的"奴隶"并被统合于他人的世界中。所以，他人的注视不是对我的主体、自由、能力的肯定，而是折损。但是，他人注

---

① 杜小真：《存在和自由的重负》，山东人民出版社 2002 年版，第 226 页。
② 理查德·坎伯：《萨特》，中华书局 2002 年版，第 92 页。

视的奴役，并不是绝对的、无可救药的，他人的注视并不能剥夺我内在的超越性和我将我的注视投向他人而重新恢复我的主体和自由的能力。我可以重新把自己推向我的可能性，冲破被注视的羞愧和畏惧，拒绝把自我与他人同一化而相助于他人的唯一性。相反，要使他人在我的注视下，变成一种"纯粹被沉思"的客体而统合于我的世界中；变为"我的各种工具中的一件"而"包括在我给这些工具所强加的秩序之中"。但是，尽管我以这种方式恢复了我的主体和自由，在这一瞬间消灭了他人并逃避了他人，然而，他人内在的可能性和超越性也依然如故，同样也可以重新"使他自己成为他人"并再次超越我的主体和自由。因此，每一客体他人都是"一种爆炸性的工具"，各种环境随时可能"使他爆炸"，而这种爆炸性又会使我突然体验到这个世界离我而去，体验到我存在的异化。由此可见，在自我与他人的关系中，自为不仅仅是作为它所是的自在的虚无化，也是它所不是的自在的内在否定而涌现出来的一个存在。所以，人是一种自在与自为的不稳定的综合，自为是不能与他的自在的存在同时发生的存在。基于此，人与人之间的存在关系归根结底表现为：不停地从注视物变成被注视物，在这种交替循环中，每一个自我都会有秩序地因另一个自我从其毁灭中的复活而坍缩。这种人际关系的不稳定性表明："冲突乃是为他存在的原始意义。"①

与这种本质冲突密切相关的是公共的共存样式或"我们"。"我们"是在与他人的联合中发现我们自己的，所以，"我们"相当于"我"的复数。在这里，尽管"我们"包含着互相承认为主观性的众多主观性，但是，"我们"的经验不能成为我们对他人意识的基础，也不能构成一种"人的实在的本体论结构"。换句话说，"我们"不是主体间的意识，也不是一个以社会学家们所说的集体意识的方式作为一个综合整体超越并包含意识各部分的新存在。相反，"我们"是通过一种特殊的意识体验到的"存在"，即在非必然的、特殊的情况下，在一般为他的存在基础上产生的某种特殊的经验。由于"我们"的派生地位，"我们"可以在两种完全不同的经验形式中，即以"进行注

---

① 弗莱德·R. 多尔迈：《主体性的黄昏》，上海人民出版社 1992 年版，第 118 页。

视的存在"和"被注视的存在"方式来表现它自己。或者说，以作为主体—我们和作为对象—我们之积极意义与消极意义上来表现自己，并以这两种存在方式构成自为与他人之间的基本关系。萨特认为，对象—我们生成于第三者的注视，第三者的注视包围了我与他人，这不仅使我与他人间的冲突消失在第三者的世界中；同时，"我在其中与别人共同组织为一个不可分割的对象整体，一个我在其中不再与别人有根本区别，而是与别人协同一致使其构成的整体"。① 于是，一个与别人共同在的"我们"的人，感到自己混杂到无数陌生的存在中间，共同地被观察、被判定、被超越和被使用，从而体验到了一种令人悲痛的"羞耻和无能"，无可救药地彻底被异化了。这种境况同样发生在工业劳动者的工业劳动中，特别是在压迫阶级与被压迫阶级的关系发生尖锐对抗的时候尤其如此。压迫阶级"作为第三者"的地位，不仅使被压迫阶级在压迫阶级对它的注视中发现了它的统一，而且在被压迫阶级那里，阶级意识的显现相当于在羞耻中假定了一个对象—我们。所以，"在这些不同情况下，我们总是看到对象—我们是从一种具体的处境出发而被确立的'人类'的一部分松散整体排他地陷于这个处境中。我们只在别人眼中是我们，并且正是从别人的注视出发，我们才把我们作为我们承担起来"。② 在这个意义上，这个人类的"我们"不过是一个空洞的概念，所展示的只是一种"外在可能"。

与对象—我们相关联的是主体—我们。主体—我们是在某种集体活动中，感觉到我自己被统合在一种"无差别的"、走向一个统一目标的超越性。然而，这种感觉或主体—我们只是心理学的体验而非本体论的体验。在这里，主体—我们如同富有节奏感的士兵队列行进的意义一样，只是"在一种为我所致力于创造的共同节律中"参与了他人，这种"我们的节律"是经验到主体—我们的动因。在这个意义上，主体—我们既不是"自为"的实在统一，也不是来自于对"自为"的超越性的真实体验。进言之，主体—我们的体验也不是"对待他人的一种原始态度"。因为在共同的活动中，我仍然是独立的个体。

---

① 萨特：《存在与虚无》，生活·读书·新知三联书店1987年版，第538页。
② 同上书，第543页。

这就如同面对着车站候车室的"出口"等标志时，我加入了人群，形成了一个主体—我们，虽然"出口"成了目标，表示了我与他人的联系，但是，"当我把对象当作'出口'来使用的时候，我并不是屈从于对象本身，我是迁就人的秩序；我用我的活动本身认识了别人的存在，我建立了与别人的对话"。① 应该说海德格尔对此已经出色地将描述为"共在"现象，不过，与海德格尔不同，萨特认为，这种"共在"现象并不是原始的："我"这个个体作为"自为"才是最根本的、原始的。因为要把一个对象显现为被制造的，他人应该首先以某种方式表现出来。如果事先并不认可他人之所是的单独的某个人，那么，即使可以说"我与……共在"，却与谁共在？所以，对象—我们能够形成一个联合统一集团，而主体—我们则是不可能的。这表明所谓"人类的我们"，即在我们之中，主体间的整体意识到它本身是一种被统一的主观性不过是一种理想。这样的理想只能是由一种在零碎的、严格心理经验的基础上向着极点和绝对的过渡而产生的梦想而已。"因此，似乎对'我们'的经验，尽管它是实在的，却不能够改变我们前面探索所做出的结论。关键在于对象—我们吗？它是直接依赖第三者的，就是说，依赖我的为他存在的，并且正是在我的为他的外表存在的基础上它才被构成。关键在于主体—我们吗？正是一种心理经验按一种或另一种方式设定：在我们面前被揭示的，是别人的存在。因此人的实在无法摆脱这两难处境：或超越别人或被别人超越。意识间关系的本质不是'共在'，而是冲突"。②

总之，萨特在其对注视的分析中所描绘的自我与他人的共在理论，明显地存在着传统哲学遗留下来的主体与客体、内在与外在的两分法；存在着相互否定、相互排斥的二律背反；存在着胡塞尔交互主体性的理论意蕴和难题。尽管萨特竭力想用一种存在本体论来取代胡塞尔的理智认识性哲学，但他对存在遭遇的描述却弥漫着各种认识论的范畴和观点。他对主体自我与客体他人的区分，以及对"我们—客体与我们—主体之间"的划分，特别是对主体自我与另一个自我在存在选择

① 萨特：《存在与虚无》，生活·读书·新知三联书店 1987 年版，第548—549页。
② 同上书，第551—552页。

中所表现出来的各方"都通过否认自己是他人来构成自己"的相互内在否定，以及由此而必然形成的"我与他"的存在，以及认识者和被认识者之间相互分离、相互敌对的外在存在关系的描述，都表现出对认识论两分法的执恋。而由这种执恋所建构起来的共在理论，仍然面临着唯我论的困境。诚如 K. 哈特曼所评述的那样："总体来说，我们可以把萨特的描述视为胡塞尔'向现在'理论的精致化，不同在于，萨特涉及的不是个人间意识建构的连续阶段，而是他人的事实性涌现，假如我们只是设想他们异同的一个方面的话。然而，按照这样一种涌现事件的意义来理解该事件这一事实，似乎要以个人间意义的构成为先决条件，这种构成是从客观的空间和自然到其他个人之可能性的理解的系统化。"[①] 此外，当萨特把传统的唯心论和实在论将为他的存在视作外在否定转变为"在否定他人当中我是我自己"的内在否定时，这种遭遇之中的相互否定所形成的共在或"复合存在的事实"，并不是一种自在的存在层次上的实体丛，而是一种外在性的幽灵。因为如果主体他人的注视必然使我由主体变成客体，继而我的超越性的恢复又必然使他人遭受同样的命运。那么，这种一瞥便可使我或他人化为乌有的人际关系，怎么会使我感到的他人或他人所感到的我可以相互认知，并同作为主体而共存于一个社会中呢？

三　一个"尚未解决的"问题

萨特无疑是一位智慧的、不懈的追求者。同胡塞尔总是喜欢把自己当作初学者一样，萨特乐于说："我要与自己进行思想斗争"，所以，他不惧怕思想变化，并勇于不断开拓新的路子。尽管在《存在与虚无》一书中，萨特专门探讨了共在与"我们"，但他并没有明确回答如何才能摆脱、走出自我与他人之间恶性循环的冲突关系，不过，他并不排斥寻找跨越这种冲突的可能性。所以，萨特在其晚年所著《辩证理性批判》一书中，从个体实践出发，描述了社会总体实践的种种样式及其理解的可能性，并揭示了在集团的社会实践过程中个体自由的实现，从而使"我们"的思想得以进一步深化与发展。

---

① 弗莱德·R. 多尔迈：《主体性的黄昏》，上海人民出版社 1992 年版，第 122 页。

《辩证理性批判》一书研究的重心是人的实践，而不是存在或从存在意义上解释的我思。在该书中，注视被译解为个体的实践，其目的是想通过追溯个体实践阶段到社会的或共同的实践阶段，来说明历史是由众多个体实践组成的群的实践的产物，而不是孤岛上的鲁滨逊；来说明真正的历史始于人们自觉地行动起来，摆脱整个惰性实践的奴役而复活人的真正自由，以克服人与人之间的孤独而使各个意识汇成统一的意志去追求共同的目标。在该书中，个人实践是社会实践的"根本基础"，由个人实践可以构成"两个等级的社会性"，其中第一等级是由人们的"消极结合"产生的群。群的结合是通过物质对象的人们的外在结合，就像"蜂蜡的分子消极地被外来的烘烤结合在一起"一样，萨特比喻道：公共汽车站上排队的旅客就是群体"序列"的象征。群的实践是未形成统一意志的"惰性的实践"，在群的"序列"中，"他性"是"群的理性"，所以，群集中的人数越多，便意味着越松散，单个的人便越孤独和越受奴役。这样，就要求在个人之间产生一种新关系，形成一个统一整体，于是，集团便产生了。

集团的社会实践是具有完全不同性质的"第二等级的社会性"。因为集团的结合是明确意识到共同目的的人们的有机统一，此时，人们不再停留在群的"他性"关系中，而是作为集团的成员既是自身又是他人的中介，并在和他人的相互性中化为总体。总体化的最初形态为"融合集团"。"融合集团"作为还没有结构化的、无定形的结合，一方面是对群的异化的直接否定。另一方面，就其为直接的否定而言，它仍停留在一个群的状态里，但它却是群的复多性的统一，即将诸多主体的意志统一成一个想法和意志，使之成为对群的"他性"起否定作用的群。所以，当它行动时，每个人的自由既来自自我的设计，又来自他人的共同行动，从而把个人实践所丧失了的自由在一个更高的水平上还给了个人，造成了自由的普遍存在。这种实践活动如同1789年巴黎居民攻打巴士底狱所汇成的革命洪流，就是集团最初级的、最直接的积极结合的象征，是自由最完美的形式。

然而，形成"融合集团"的共同对象一旦消失，它就会土崩瓦解，所以，集团为了使自己的队伍保持统一，就必须靠誓言和恐怖建立它的稳定性，这样，"誓愿集团"便代替了"融合集团"。"誓愿集团"凭着每个成员的誓言，实现了成员对集团的自由隶属，继续保持着集团的统一意志和统一行动。然而，当每个成员宣誓服从集团时，誓言作为不可超越的东西，便意味着集团不由自主地把它的共同原则强加给了个体，由此惰性因素也随之悄然而入了。萨特认为，集团为了使自己作为共同实践的行动主体而存在，必须依靠每个成员对于集团的自愿服从。否则，集团的共同实践，在行动的限度内就不能获得主体的存在，而只能停留在客体的过程。反过来，各个成员虽然由于必须服从集团而在某种程度上"他化"了，但就各个成员负担着集团的共同实践这一点而言，个人又在其中恢复了自身。所以，对每个成员来说，集团在某种程度上，既是把自己的自由实践组织起来的外在化，同时又靠各个成员对集团的自愿服从，而又是这种外在化的内在化。因此，在集团的共同实践中，虽然包含着众多的主体，但行动却只是一个，在这点上，共同实践的确只是个人实践的化身。但是，由于集团是由众多个人构成的结构范围内的物，所以，集团的外在性虽然能为成员所内在化，然而，实际上随着集团组织、制度机构的不断建立和健全，集团作为体现共同意志的行动主体便越来越是本质的，而他的成员作为执行集团的行动的一个机能，则越来越变成同谁都可以交换的非本质的因素。因此，集团作为主体便越来越凌驾于各个成员之上，而每个成员的权利和义务随着"他性"量度的逐渐升级，其自由也便越受到束缚和限制，因而个人实践和社会实践之间的裂口也越来越大。使一开始作为"我的—他的"而产生的东西，逐渐变成了"他的—我的"，并且随着"组织集团"和"制度集团"的相继出现，最终变成与每个自我相异的、对立的他物，陷入惰性之中。

　　总之，集团是由自身带有集团的"胎记"（惰性）并力图摆脱这一胎记的群产生的。随着集团组织的复杂化及其增长的作用，个体又逐渐被囚禁在一种日益具有物质必然性的秩序中。萨特认为，这只有通过个体的觉醒和反抗，组织一场革命，才能使个体重新获得自由。而革命成功之后，又会重新陷入"母亲的怀抱"——群的结合。因此，人不可避免地以二者必居其一的形式生活在社会中，或者是群与序列，或者是集团与自由。而人与人之间关系的人道化以及个体实践走向互利的过程，则依据不同的情况，或者以暴力加以推翻，或者用改良加以协调，然而无论是暴力或协调所重新形成的群体，以及再由群体走向集团，都必须以个人的觉悟和反抗为先决条件，以个人的实践为其构成基础。因此，即使他晚年在《辩证理性批判》一书中修改了他的共在理论，从个体实践出发，描述了社会总体实践的各种样式及其可理解性，但他从来没有抛弃他对个体主体性的依赖，也没有抛弃他对主动与被动、内在与外在的两分法，这样，因其哲学中的两分法痼疾和理论的个体性基础，便使早期理论中的哲学难题仍未得到根本解决。解决这一难题的后继努力则表现在梅洛－庞蒂的共在理论之中。诚如美国哲学家弗莱德·R.多尔迈所评价的那样："在描述的详尽与广博方面，萨特对交互主体性的考察在法国现象学中是无人与之相匹的。当然，在法国现象学运动后期，也没多少人像他那样注意社会聚合和各种公共类型的经验。但这并不意味着萨特的分析已无懈可击，也不是说他的同行中无人能够在一些有意义的方面超出他的基本观点。梅洛－庞蒂对这一问题的处理似乎比萨特的解释更耐人寻味，也更为玄妙和精辟。"①

第二节　梅洛－庞蒂的"他人与人的世界"

萨特的《存在与虚无》一书问世后不久，梅洛－庞蒂便在其《知觉现象学》一书中，继续探讨了交互主体性这一问题。与萨特一样，梅洛－庞蒂也依赖于海德格尔的"在世的存在"这一概念，力图超越那种纯粹的理智认知型的思维方式，把人的相互作用表述为一种存在的遭遇。然而，当萨特关于存在的见解仍然限囿于认识论的范畴时，梅洛－庞蒂则从一开始就强调了海德格尔这一术语的本体论意蕴，同时又重新解释并赋予了这一概念新的含义。他以身体的肉体知觉来观察主体，不仅远离了"我思"这一中心，绕过了传统认识论的各种二律背反，而且也修正了习惯的主体与客体、内在与外在的划分，以身体现象学取代了意识现象学。由于知觉和身体在其哲学中所具有的核

---

① 弗莱德·R.多尔迈：《主体性的黄昏》，上海人民出版社1992年版，第133—134页。

心地位，他的哲学也被称为"知觉现象学"或"身体现象学"。梅洛－庞蒂的现象学哲学取向是从纯意识水平到具体的生活世界，关注现身于情境中的我思，或肉身化的主体，以丰富且有生机的"知觉"为基点，来探索与描述"人与世界、与他人、与自己的"各种关系。这种哲学努力，不仅推进了交互主体性问题的研究，而且开启了法国的生存现象学。

一　"知觉的首要性"

知觉现象学的一个非常重要的方法论原则是提出"知觉的首要性"，以还原"生活世界"的原始基础。从知觉的优先性出发，以知觉经验的统一，克服传统的内在性与超越性、主观性与客观性的二元论；以"知觉主体"，排除理智主义的"意识过剩"和经验主义的"意识匮乏"，在"被知觉世界"中把极端主观主义与极端客观主义结合起来。因此，知觉超越了一切独断，揭示了人类所面对的生活世界不是现成地摆在那里的客观世界，而是由"知觉"构成的。

梅洛－庞蒂的哲学出发点是：摆脱科学的客观主义与笛卡尔哲学传统中的主观主义，在二者之间找到一种新的统一，以保持与世界的原初关系。为此，他提出了"知觉的首要地位"。"因为在他看来，知觉是科学与哲学的发源地。被知觉或被体验到的世界以及它的全部主观的和客观的特征，是科学与哲学的共同基础"。① 所以，《知觉现象学》的导论与结构：从对知觉本性的两种"古典偏见"的详尽批判开始，揭示了知觉及其可能性的根据，进而论证了"回到现象"的必要性。在梅洛－庞蒂看来，无论是理智主义，抑或是经验主义，两者的共同弱点都在于未找到哲学的真正根基，由之便生成了"关于世界的偏见"。理智主义强调纯粹意识，注重原则，主张"人为自然立法"，以为世界是理智的构造物，因此，理智主义在内在意识与外在对象的二元对立中，忽视了真实的生活世界，步入了先验主观主义的窠臼；而经验主义则强调感觉，看重结果，主张"存在就是被感知"，以为世界依个体感觉而存在。因此，经验主义在无意义的感觉材料组合的

---

① 赫伯特·施皮格伯格：《现象学运动》，商务印书馆1995年版，第750页。

狭隘天地中，陷入了主观主义的困境。那么，真正的哲学在于以一种无止境的沉思，重新看待世界，揭示世界与理性的秘密，"描述作为永远是我们的真理观念基础的关于世界的知觉，因此，不应该问我们是否真正感知一个世界，而应该说：世界就是我们感知的东西"。①

知觉既不是经验主义把知觉等同于感觉的总和，也不同于理智主义把知觉提升为知性，与之相应，世界既不是由感觉材料被动联结所形成的知觉现象，也不是由注意或判断构成的整体。在梅洛－庞蒂看来，经验论的"偏见"，是基于心理学的"定型性原则"之上，即主张每一种客观刺激都与感觉相联系。因而这种原子主义知觉观不仅将知觉分解为片面的、局部的感觉，而且从这种感觉或纯粹印象出发，来说明身体对外部刺激的机械被动接受性。所以，经验论者既否定了知觉者与被知觉对象之间的交互关系，也因只是停留在被动的、杂多的感觉要素之中，而"错失了知觉现象"。针对经验论者的"偏见"，梅洛－庞蒂借助格式塔心理学的原则，既清理了经验主义的偏见，也表达了他的知觉观。梅洛－庞蒂认为，知觉与感觉不同，因为知觉根本就不是被动地依赖于外来的刺激，而是依赖于它们所从属的图形—背景关联。这种关联既决定了它们的意义，也表征着知觉要素是"有意义的"而不是"沉默的"；其边缘是开放的、未决的和暧昧的，而不是封闭的、决定的和清楚的。所以，尽管知觉不是一种理想的整体，但在知觉中，整体先于部分，因而不能将它分解为各个部分，或视作感觉的组合。知觉是以整体性和结构性的形态发挥其功能，由之所呈现的现实世界也不是凌乱的味觉、视觉、听觉或触觉等，而是"一个苹果"、"一个人"、"一个宇宙"。

批评与"放弃用纯粹印象定义知觉"的经验论，并不意味着回到理智主义理想化的知觉观。因为当理智主义以"注意"和"判断"之名来探讨知觉时，一方面，"注意"使知觉摆脱了被动性而构造对象，对象则处于被动地位而依存于"注意"并被其重新把握与确定。另一方面，"判断"使知觉失去了真正的感觉，只是根据"理性意向"对事物的意义进行理解。无论在笛卡尔那里，或者是在康德那里，知觉

① 莫里斯·梅洛－庞蒂：《知觉现象学》，商务印书馆 2003 年版，第 12 页。

成了一种判断、一种理智的综合，而对象或世界则在理智的综合中被赋予了秩序。这样，世界"由于我思而确定"，并"带上了'对我……思考'的标记"。所以，梅洛－庞蒂说："之所以禁止把我的知觉当作一种理智行为，是因为理智行为把对象或者把握为可能的或者把握为必然的，而在知觉中，它是'实在的'；它显示为一系列不确定视角的无限总和，其中每一视角都与它相关，但任何一个都不能将其穷尽。"① 因此"实在有待于我们去描述而不是有待于我们去构造或构成"，"世界不是我拥有其构造规则的一个对象，它是自然环境和我所有的思想、我所有的清楚的知觉的场所"。② 所以，清除经验主义与理智主义的"偏见"，就是要"回到事物本身，就是要回到认识总是要谈到的且先于认识的世界"，以便首先领会到风景中的"一片森林、一片牧场或一条河流"。③ 在这里，正如朗格所说的那样："梅洛－庞蒂的现象学描述以一种黑格尔式的方式展开：在他的探索的每一阶段，他都传唤传统的各种独断立场并证明它们是如何颠覆它们自己的。透过持续并置和分解这些理论。梅洛－庞蒂试图确定：我们的经验既不是一种机械地被决定的过程，也不是一种纯粹偶然的构造，而且，我们与世界的各种明确的关系，对应着的是某种甚至它自己都不能够变得完全明确起来的原始背景。"④

毋庸置疑，"知觉是我们不能够超越的最初的土壤"。所以，关注知觉，回到知觉基础，既显示了知觉现象学与胡塞尔"回到事物本身"相一致的主张，也表现了梅洛－庞蒂知觉理论的匠心独运，即从构成意识向处境意识的转变。因此，通过现象学的还原，回到知觉的原初性，并不是沿着笛卡尔、康德之路，重蹈胡塞尔先验意识的覆辙，在先验意识这一透明的展开中，以一系列统觉、定义赋予对象、世界以生机。而是通过"现象学还原的真实意义"，既要考察这些普遍的东西，剥离一切纯粹原则的教条，显现科学、哲学的原始基础，同时又要证明这样一个基本事实，即知觉作为"介入的意识"是"在世界

---

① 杨大春：《杨大春讲梅洛－庞蒂》，北京大学出版社 2005 年版，第 100 页。
② 同上书，第 74 页。
③ 同上书，第 73 页。
④ 同上书，第 99—100 页。

内"的。依梅洛－庞蒂之见，知觉一方面是"意识的原初样式"，并呈现为一种旨在追寻实际上先于我们的解释已经存在于世界之中的根本意义的活动。在这种活动中，我们不仅仅是被动地卷入世界中，而且是将自己投入到世界中。另一方面，知觉作为一种实存的活动，"知觉经验让我们亲临事物、真理、价值为我们而构成的那一时刻；它为我们提供的是一种诞生状态的逻各斯；它超出一切独断，把客观性本身的真实条件告诉我们；它向我们唤起认知和行动的任务"。① 在这个意义上，知觉既不是单纯的感受活动，也不是单纯的创造活动，知觉所提供给我们的不是一些像几何学一样的真理，而是一些在场，表现的是我们对世界的根本的暧昧关系。知觉每时每刻都在见证着我们与世界的关系，而这个世界只有一部分是被给定的；有一部分是我们自己形成的，所以，世界对我们保持着某种神秘，而这种神秘又是理智的刻板模式无法把握的。因此，我与他人、他物及世界的关系不是思考者与被思考对象的认知关系，而是通过知觉经验与之打交道的存在。

综上所述，梅洛－庞蒂的兴趣从一开始就集中在知觉问题上。他的知觉现象学在其思想形成时期，虽带有胡塞尔现象学和黑格尔唯心主义的痕迹，但是，也同样证明它是在批判理智主义和经验主义的意识传统基础上的展开。因而他强调知觉的首要性，不在于把知觉还原为感觉，而在于重新征服理性意识；在于保持与世界的原初关系，以及对世界的惊奇态度。因此，梅洛－庞蒂的知觉现象学的特点在于，通过知觉的介入意识，由"知觉主体"取代了意识主体，并在知觉行为展开的基础上，解决意识的"内在性与超越性的矛盾"，将极端的主观主义和极端的客观主义在世界的概念中结合起来。当然，知觉现象学既不是研究知觉本身，也不是专为知觉而写的。"梅洛－庞蒂的知觉现象学主要是试图考察我们对先于任何科学说明而被给予的世界的体验中的基本层次。知觉就是我们特有的进入这个层次的通路。因此主要的任务就是尽可能具体地观察并描述这个世界是如何将自己呈现给知觉的，不忽略它的意义和意义的缺乏，它的明晰性和它的暧昧

---

① 杨大春：《杨大春讲梅洛－庞蒂》，北京大学出版社 2005 年版，第 110 页。

性。《知觉现象学》实际上是关于被感知的世界的现象学，而不是感知活动的现象学"。① 所以，"现象学还原远不像人们相信的那样是一种唯心主义哲学的表述，它是一种生存哲学的表述"。②

二 "世界的肉"与可逆性

"现象学是关于本质的研究"，同时也是一种"把本质重新放回到生存中"的哲学。当梅洛－庞蒂的知觉现象学诉诸知觉时，便为它从纯意识水平转向具体的生活世界，将现象学在人的个人实存和社会实存中具体化做好了准备。对它来说，从认识论转向生存论；把我变成复数的我的方法论前提是：思考之前，世界、他人总是作为一种不可剥夺的在场"已经在此"。所以，一切从头做起，将自己安置在从未被加工过的经验中，既表现了后期现象学对前期现象学超越，同时，从前反省层次，而非反省层次的诸种样式出发，来说明"他人与人的世界"的感性关系的哲学努力，也最终为其赢得了一席地位。

梅洛－庞蒂的现象学是从认识论进展到生存论。对梅洛－庞蒂而言，尽管胡塞尔主张"回到事物本身"，提出"生活世界"的概念，并力图通过"先验的还原"来解决世界与他人的问题，但是，由于还原被描述为回到先验意识，因而在"我"的意识与世界、他人的纯粹意识的关系中，跨越先验唯心主义的窠臼而通达世界与他人不过是难以克服的"悖论"。为此，在《知觉现象学》一书的前言中，梅洛－庞蒂对完全透明的意识和非位置主体性的观点给予了坦率的批评。他说：纯粹的反省"对他人心灵的问题或世界的问题一无所知，因为这种反省以为，凭借在我身上所显示的最初意识之光，便可在理论上获得掌握某种普遍真理的能力，而且以为其他人也同样没有此性（this-ness）、定位（location）或身体，另一个我与自我在这个真理的世界中只是同一的或一样的东西，而这种真理的世界只是一个心灵的统一体。"③ 在这里，如果说胡塞尔的现象学是一种先验的哲学，并通过反

① 赫伯特·施皮格伯格：《现象学运动》，商务印书馆 1995 年版，第 768 页。
② 杨大春：《杨大春讲梅洛－庞蒂》，北京大学出版社 2005 年版，第 75—76 页。
③ 弗莱德·R. 多尔迈：《主体性的黄昏》，上海人民出版社 1992 年版，第 135 页。

思的分析忽视了世界与他人，那么，梅洛－庞蒂与萨特一样，都试图从"在世的存在"，即从人的身体出发来说明人对世界的具体涉入。萨特在社会现象学中，不仅从存在论出发分析了人的肉身化三维：处于事实性层次上的、作为自为的存在的肉体；作为为他的肉体；以及作为我所接受而同时又为他人所知道的肉体，而且也试图从身体的三维来说明我与他人的基本关系。但是，萨特哲学的一个要害之处在于，他坚定地确信我的身体是我的意识的结构，因而身体作为意识处于世界之中的一个独特的、偶然的存在，只不过是我的行动的途径，或表现工具，所以，在身体与意识的关系中，身体只是处于从属地位。在这个意义上，萨特的哲学还带有笛卡尔主义身心二分法的况味。与之不同，梅洛－庞蒂的哲学旨趣不是纯粹意识的主体，而是现身于某一情势中的主体。在他看来，要彻底摒弃笛卡尔主义的遗产，且使"他人与人的世界"获得意义，必须用一种肉身化的在世存在，或位置性的在世存在来取代抽象的我思，因为只有在我在不再被还原为"赤裸裸的存在意识"，而是作为"我的在某种自然之中的化身"的存在时，他人的问题才能作为一个严肃的哲学问题显现出来。正如美国哲学家弗莱德·R. 多尔迈在《主体性的黄昏》中所评议的那样："如果说在萨特这里，肉体是起着一种基本工具或依附性功能的话——这种依附和主体性一样，从属于注视的矛盾；那么，梅洛－庞蒂（在他的一些阐述中）却是把肉身化作为人嵌入存在或向存在开放的证据来加以解释的。在这一范围内，即人与存在的关系既不是内在的，也不是外在的——因而我们无法通过同一或否定这些范畴来把握它——梅洛－庞蒂便把他性这一主题从交互单子式的共存在层次，调换到存在的心脏层次之中。"① 因此，对于这两位现象学家来说，虽然都诉诸海德格尔的"在世的存在"，把人之间的相互作用表述为一种存在的遭遇，并由之超越一种纯粹理智认识型的观点，但是，在二者的探究中，萨特的观点仍然继续依赖于认识论的范畴，而梅洛－庞蒂从一开始便强调海德格尔这一术语的本体论意蕴，并试图通过知觉，或"实践场的我

① 弗莱德·R. 多尔迈：《主体性的黄昏》，上海人民出版社1992年版，第134—135页。

的身体"，将所有我知觉到的物体、他人划入我的生活领域。

由上述可见，胡塞尔、萨特与梅洛－庞蒂都关注生活世界与他人的问题，但问题的关键在于："'我'这个词怎样才能成为复数的我？如何形成一种我的一般观念？我怎样才能谈论一个不是我自己的我的我？又如何才能知道存在诸个他我？怎样才能用你的样式，并通过这一样式来以'一个人'的样式去把握意识呢？——这种意识在其本性上并作为自我认识处于这个我的样式之中的"①。毋庸置疑，要解决这一疑难，既不能从传统哲学——理性主义与经验主义——汲取可资借鉴的理论资源；也不能从胡塞尔、萨特的哲学中找到有效的路标。对于前者，传统哲学基于主体与客体、意识与实在的两分法，根本无法解释"另一个我"的存在之谜。"按照这种传统，我对世界的经验和对他人的经验只不过是'赤裸裸的意识与它所想象的客体关联物系统之间'的一种遭遇而已，因而主体的内在性与思想着的事物与其思想是统一的，这样，结论必然是：'另一个人的肉体和我自己的肉体一样并不是居于某地的存在，而是一种站在思考它或构成它的意识面前的客体'。"② 于是，他人的存在不过是无法解答的"一种困境与耻辱"。对于后者，无论胡塞尔，还是萨特，都与传统哲学共有一种倾向，即他们都将主体与它的客体分离开来，甚至将主体与客体对立起来。胡塞尔以先验的主体性"构造"对象世界，结果身体本身不是世间的存在物，而是一个"冷漠的旁观者"；萨特虽然涉及身体，但是"人的实在性首先就是它本身的虚无"。因而"我怎样才能谈论一个不是我自己的我的我？又如何才能知道存在诸个他我？"便不得不习惯性地借助于我的内心体验来解释他人的行为，或靠类比性的推理来构想我与他人的交互关系。概言之，上述三种二元论的共同缺陷在于："我的自我没有尘世的居所。作为我思，它与世间的广延没有任何共同之处；作为胡塞尔式的先验旁观者，它在物质的东西中不占有位置。萨特的自为（虚无化行为的中心）本身毫无意义。"③ 与之不同的是，

---

① 弗莱德·R. 多尔迈：《主体性的黄昏》，上海人民出版社1992年版，第137页。

② 同上书，第138页。

③ S. 斯特拉塞：《恢复内在性应有的地位——对梅洛－庞蒂后期哲学的思考》，《哲学译丛》1988年第3期。

梅洛－庞蒂强调哲学家的自我与所有的人共居一个世界上，因而他以海德格尔"在世的存在"为筏，从胡塞尔意识哲学内部找到了划向生活世界的航道。对梅洛－庞蒂而言，当人们根据常识的独断论或科学的独断论重返自我时，他所找到的不是内在真理的源头，而是投身于世界的一个主体。真理不仅仅"寓于内在的人"，更确切地说，没有内在的人，人在世界上存在，人只有在世界中才能认识自己。在这里，跨越唯我论的关键步骤是重新估价我思。"真正的思维"，或我思既不是一个完全在知觉之外的纯粹反思，也不是一个具有源生力量的构造者，我思是与身体和事物联系在一起的能知觉的主体，所以，我思应当在处境中发现自我。诚如梅洛－庞蒂所说："真正的我思不需要用主体对存在的看法来定义主体的存在，不把世界的确定性转化为关于世界的看法的确实性，最后，也不需要用意义代替世界本身。相反，真正的我思是把我的思维当作不可剥夺的事实，取消各种各样的唯心主义，发现我'在世界上存在'。"① 我思"在世界上存在"，在活动中展开，这种反思方向的改变将证明这样一个基本事实：即超验主体不再是在任何地方又不在任何地方的独立实体，它的中心就是我们的个人的实存；"介入意识"是在世界之内的，因而与其说我明白了我思的存在，不如说我感受到了我自身，知觉到"实践场的我的身体"。正是"实践场的我的身体"把我与本己身体的关系、与他人的关系、与世界的关系纳入到一个整体结构中。

"实践场的我的身体"，既表征着无论是"我"，抑或是"他"作为主体，都应该包含着"在自然中的肉身化"，同时身体作为"世界的肉"，也彰显了梅洛－庞蒂把肉身化作为嵌入存在的证据，以及他基于肉体知觉的反二元论倾向。在梅洛－庞蒂看来，谁也无法脱离身体、超越时空地去观察一切，所以，"任何哲学都不能够避开对身体的描述。但我们不能够把身体分割成两部分，说'这里是思想、意识，那里是物质、客体'。在身体中有一种深层的循环性，我把这称之为肉"。② 在这里，肉区别于生理学意义上的一个人"经验肉体或可

---

① 莫里斯·梅洛－庞蒂：《知觉现象学》，商务印书馆 2003 年版，第 9 页。
② 杨大春：《杨大春讲梅洛－庞蒂》，北京大学出版社 2005 年版，第 154 页。

感知的肉"，而类似于一个古老术语，即古代先贤们所谈论的水、土、火那种意义上的存在"元素"。因此，肉作为一种自在的可感知东西的一般性，并不限于作为被具体化了的存在的人，而是适用于整个世界。"肉（世界的肉和我们的肉）并不是一种偶然性，一种混沌状态，而是一种属于自我，适合于自我的结构。"① 在梅洛－庞蒂未发表的《可见的与不可见的》一书中，"肉"是身体隐喻的进一步拓展，它交织着灵性化与肉身化的双程进程，使视觉与可见的东西、触摸与可触摸到的东西、语言与对语言的理解形成了一个网络系统，在肉这一可感知的知觉公设上，最终将身体提升到了存在论的地位，同时，交织着身心两者的肉，不仅克服了自笛卡尔以降的身心二分法，也使身体所栖息的经验世界成为可能的根源。肉作为在世的存在或实存，既使另一个人出现在他的现象性肉体表面，被赋予了一种"位置性"（Locality）成为可能，同时，肉作为存在于这个世界中的共同的内在属性，又是形成主体和主体间性的介质。他说：通过我的肉体知觉或"通过他人知觉，我一定会感觉到我被置于与另一个我自己的关系中，这另一个我原则上与我一样向着同样的真实开放，与我一样处于与同一个存在的关系中。另外，在这一知觉发生的时候，从我的主体性深处我看到另一个具有平等权利的主体性出现，因为在我的知觉场上出现他人的行为，一个我所理解的行为；显示出他人的言语，一种我所赞同的思想。此外，这个在我的现象中间诞生的他人将我的现象归为己有，并且以我经验中典型的行为来处理它们。我的身体，作为我立足于世界的系统，建立起了我所知觉的物体的统一性；同样，他人的身体，作为象征行为和真实行为的载体，从我的某个现象条件限制中挣脱出来，向我提出真正交流的任务并赋予我的身体以主体间性或客观性的新维度"。② 在这里，与萨特所持隐匿的共存是以他人主体性的先验经验为前提条件的观点不同，梅洛－庞蒂强调肉身化不是一种我思的具体表现，他人的肉体也不是一个为我的客体，同样，我的肉体

---

① S. 斯特拉塞：《恢复内在性应有的地位——对梅洛－庞蒂后期哲学的思考》，《哲学译丛》1988 年第 3 期。

② 杨大春：《杨大春讲梅洛－庞蒂》，北京大学出版社 2005 年版，第 103—104 页。

也不是一个为他的客体。相反，肉身化或"肉的存在"是人之行为的表现，它既显示了对可见性参与的证明，又显示了可传递的意义，从而创造了一种"共同的情形"。因为我在看，我本身也是他人能看到的；我的一只手触摸另一只手，一种共存的现象便产生了。所以，"很清楚，正是通过肉体觉察到另一个人的肉体，并在他的肉体中发觉，他人的肉体是我自己意向的一种奇迹般的延伸；同样，我也可用这种熟悉的方式来对待世界。从此，由于我的肉体的各部分一起组成一个系统，所以我的肉与他人的肉体便是一个整体，是一个整体和同一现象的两个方面，而且我的肉体的这种隐匿的存在就是一种永远更新着的生命足迹，从此以后，这两个肉体也就同时居住于这种永远更新着的生命足迹之中"。① 由于通过他人、"世界对我的肉体的正反两面之间的涉入"和"我的肉体对每一种事物和世界的正反两面之间的涉入"，至此，就不再有一种自我核心。② 自我与他人之间的关系，既不是一种构成性虚无的内在性统一性，也不是一种两个相互平行的、相互敌视的外在否定性，而毋宁是在现实的朴实无华的生活中，两个圆圈、两个漩涡、两个洞穴、两种开放性和将要发生某种事情的两个舞台之间的一种本体论的相互依赖、相互涉入、相互缠绕及可逆性。因此，世界实际上是主体间性的世界，而不是普遍意识的构造物。

显而易见，在考察感知的世界时，我的身体、我的肉体知觉向我提供了进入世界的入口。身体以其含混性超越了透明性，所实现的整体不是被理智占有的观念统一体，而是凭借某种所及范围的我的动作，向着无数视角开放的整体，因而身体的一切活动都伴随着经验的张力。依循这种新的出发点，我已然被卷入知觉之中，并在我的空间体验中也发现了这种实存的卷入。因而在进行认知探寻之前，我经验到至少存在一种历史处境的可能性，因为我不仅感知到我生活在地球、空气、水等这样一个自然宇宙中，而且还感知到围绕在我周围的村庄、种植园、街道、教堂，以及我日常所使用的各种器具等文化积淀物，同样，

---

① 弗莱德·R. 多尔迈：《主体性的黄昏》，上海人民出版社 1992 年版，第 140—141 页。

② 同上书，第 154 页。

"我感觉到在一种隐匿的幕纱下他即近的现在"，发现了"在一种文化世界形式中所沉积的"各种行为模式。所以，事物作为对我变化着的显现的客观一极，其实存形式是与我的身体、器官和生活定型性相关联的。事实上，它物是"我们的身体和我们的生活的相关物"；① 他人作为每个事物的可能视景的形式的组成部分，也合并在我的知觉的图画中。因而我与他人的关系实际是"共同在世"；世界不过是知觉向我揭示的世界。在这里，身体和他物、他人在一个生活世界中相互交织，因而世界的统一性不过是我身体统一性的相关物。或者说，世界最终说来是"一切视域的视域"，"一切风格的风格"，它"保证了我的全部经验的某种统一"。诚如梅洛－庞蒂所言：我通过我的身体在世界中存在，并用我的身体知觉世界，所以，"现象学的世界不应该被单独放在一边，不应该变成绝对精神或变成实在论意义上的世界。现象学的世界不属于纯粹的存在，而是通过我的体验的相互作用，通过我的体验和他人的体验的相互作用，通过体验对体验的相互作用显现意义，因此，主体性和主体间性是不可分离的，它们通过我过去的体验在我现在的体验中再现，他人的体验在我的体验中的再现形成了它们的统一性。……我们每时每刻目击体验的连接这个奇迹，没有人比我们更了解这个奇迹是如何发生的，因为我们就是关系的纽结"。② 由于世界与知觉经验而非知性的判断关联在一起，世界恢复了它的神秘："事实上，只要我们不局限于事物和世界的客观外观，只要我们把它们重新置于主体性的环境中，事物和世界就是神秘的。"③

总之，"人只是世界的一束关系"；人与世界的知觉关系是一切关系的基础。当梅洛－庞蒂主张知觉作为"介入的意识"是"在世界内"；强调从人的身体出发来理解"人和世界的本质"；强调"在思考之前，世界总是作为一种不可剥夺的在场'已经在此'"时，便说明了现象学的核心既不是先验主观性问题，也不是意识活动对于意识对象的问题，而凸显了关注身体，回到知觉的基础地位。在肉的普遍可

---

① 赫伯特·施皮格伯格：《现象学运动》，商务印书馆1995年版，第770页。
② 莫里斯·梅洛－庞蒂：《知觉现象学》，商务印书馆2003年版，第17—18页。
③ 杨大春：《杨大春讲梅洛－庞蒂》，北京大学出版社2005年版，第89页。

知觉性这一公设上，通过身体的肉体知觉，它所揭示的既不是一种物理行为的相互关系，也不是精神状态的相互关系，而是一种相互性的在世存在；一种"人与世界、与他人、与自己的活生生的真实关系"。在这里，"肉的存在"可谓取代"我思"的相当有独创性的方法，这种中性的材料最终不仅在认识论未能填补的主体与客体之间的裂隙之间架起桥梁，而且表明我与他人的共在是不能直接意向的，只能通过沉浸于世界之中来侧面的接近它。这种转变把各种认识论的矛盾推到了幕后，不仅给一种人类经验的知觉遭遇开辟了舞台，而且表现了梅洛－庞蒂对意识哲学不断深入的清算，并"尝试有意地将那些著名的现象学主题词如同它们在生活中自发地相关联的那样使之关联"，而关联的基础恰恰是所谓"未加工的存在"或"野性的存在"：肉及其可逆性。"我思"存在于世界之中，我不可能飞跃我的肉体知觉范围，"我参与"的呼声响彻他的遗著。

三 语言与"交互世界"

当把注意的焦点从论识论的范畴转移到前反省经验和隐匿的文化遭遇上时，自我就不再是"闭锁于他们自己的内在性之中的我思者"，而是被他人的世界所超越，并最终很可能为彼我相互之间都超越了的"在一体化样式中的人的共在"。如果说，通过"肉的存在"证明了我与他人的遭遇的必然性和共在，那么，语言则恰如其分地证明了自我与他人、我与社会相互共在的内在属性，以及通过语言交流所生成的"交互世界"。

身体与言语是梅洛－庞蒂知觉现象学中的两个主题。虽说身体问题表明我的身体在综合身心两者时的核心地位，而语言表明我与他人、与社会关系中的核心地位，但是，身体与语言之间则密切相关，进而表现为自然世界与文化世界之间的内在相关性。在《世界的散文》与《知觉现象学》一书的《作为表达和言语的身体》一节中，梅洛－庞蒂分别描述了这一主题。他说："一个人的身体和心灵不过是他的在世的方式的两个方面，同样语词和它指示的思想不应该被看做是外在的两极，语词支撑其含义，就像是某种行为的肉身化一样。"① 在他看来，身体不是一个物体，不是自在的微粒的集合，也不是一次确定下来的过程的交织，因此，身体既不是它之所处，也不是它之所是。身体作为一个自然主体，具有一种自然表达的能力，这种能力表现为身体把某种运动本质转变为声音，使一个词语的发音方式展开在有声的现象中，从而使我们能够看到说话行为的真正外貌。说话或言语是一种动作，也是我们生存超过自然存在的部分。因为在说与听的主体之间，语音动作实现了某种体验的结构，某种生存的变化，一如我的身体行为为我和为他人把某种意义赋予我周围的物体一样，言语的表达活动构成了一个语言世界和一个文化世界。"因为我们看到身体分泌出一种不知来自何处的'意义'，因为我们看到身体把该意义投射到它周的物质环境和传递给其他具体化的主体。人们始终注意到动作或言语改变了身体的面貌，但人们仅局限于动作和言语显现或表现另一种能力，思维或灵魂。人们没有看到身体为了表现这种能力最终应成为它向我们表达的思想和意向。是身体在表现，是身体在说话……"② 换言之，身体经验本身就是一种表达，一种"语言"，"语言"表达不过是其派生的表达形式。

如果说肉身化是主体遭遇及共在的基础，那么，语言则更进一步加强了这种共在的可理解性。在《世界漫笔》中，梅洛－庞蒂再次强调自我与另一个我交互共在的内在性，并认为这种内在本性构成了社会性的基础。这部手册主张，语言是一种"永无止境地更新同一性与他性之间中介"的能力，是形成使遭遇得以理解的关键基质（Matrix）。通过语言的交流，使另一个我"可以在一种更彻底的意义上既显现为他人，也显现为自己"，同时也会生成一个交互世界。因为在语言交流中，每一个存在主体都不是封闭的，说话的人同时又是听话的人。我的语言活动能为他人理解，我也能理解他人的语言活动。因此，说话的双方会彼此自发地、悄然地进入对方的视境，把我变成他，把他变成我，由之消除自我与非我、主体自我与客体他人之间的界限，

---

① 杨大春：《杨大春讲梅洛－庞蒂》，北京大学出版社 2005 年版，第 87 页。
② 莫里斯·梅洛－庞蒂：《知觉现象学》，商务印书馆 2003 年版，第 255—256 页。

使我的视境和他的视境都统合于一个单一的世界。诚如梅洛－庞蒂在《知觉现象学》中所说：在这个经验谈论的世界中，"'存在着他人和我自己之间已构成的一种共同的基础：我的思想与他的思想相互交织成一个单一的结构，我的语言和我的对话者的语言都是为这种讨论的气氛所唤起的，而且也都涉入一种我们两人都不是其创造者的共同参与的操作之中'。在此所产生的是一个交互世界，或者是'一种双重存在，在这种存在中，他人对于我来说已不再是我先验领域中的点滴行为，而我也不是他人先验领域中的纯粹的点滴行为；相反，我们都是一种圆满的相互性中的相互合作者'。"① 在这一交互世界的背景中，语言实际上是知觉经验的升华形式，是我自身的多种经验的交汇，是我的经验与他人经验的交汇，一如我的身体感知到其他人的身体，并发现在那里有某种类似于我自己的意识不可思议地延长的东西一样，语言交流所生成的共存，也体现着我们个人实存的在这个自然世界本质上的延长。在这个意义上，梅洛－庞蒂同在维特根斯坦影响下的语言哲学家们不同，他既不只是专注于符号、符号系统以及符号之间的种种区别，也不只是倾心于研究不同的语言游戏以及它们各自的规则，而是感兴趣于"盒子里的甲虫"。对他而言，"言语是一种动作，言语的意义是一个世界"。②

共存的基本样式，既不是如萨特所以为的那样是同伴间的冲突（至少不是自我发动的冲突），也不是如海德格尔所说的那样，是非本真的存在。对于前者，我们既不能把自我与他人和绝对的内在性、构成性的虚无同一化，也不能把自我与他人视作两个相互平行的、彼我在注视中都受到同样致命打击的自为存在。相反，必须使所有的人相互组成一个"系统"，或相互可以感受到的一个自为的星座，以便使人们认识到，"他人具有使我不再成为中心的力量，具有把他的中心与我的中心对立起来以反对我的力量，他之所以能够这样做，只是因为我们两个人都不是已被安置在两个自在宇宙之中的虚无，我们是不可相互比拟的，但我们俩都是存在的入门口，一方面都为另一方进入，

---

① 弗莱德·R.多尔迈：《主体性的黄昏》，上海人民出版社1992年版，第142页。

② 莫里斯·梅洛－庞蒂：《知觉现象学》，商务印书馆2003年版，第240页。

而这之所以对于他人来说是一种实践的权利，是因为他们两人都属于同一存在"。① 所以，他人不仅给自我带来伤害，更一般地说，他人也是一个证人。在这种共在的世界里，自我与他人的关系不再是"要么是他，要么是我"这样一种两个意识（自为）之间的冲突关系，而是两个经验彼此吻合，作为知觉的匿名主体的参与者。在这种共存的世界中，虽然彼我的经验不能永远保持一致，但至少是来源于同一个世界。对于后者，梅洛－庞蒂并未就此停留在海德格尔所谓非本真的共在范畴。他意识到反省的努力会带来主体自我意识的兴起，从而引发唯我论的幽灵。此外，交流的中断也会使每个人在各自私人的领域里活动，重返传统哲学的我思领域。但是，倘若为了回避自我学的中心论，而用一种为某种复数的人所共享的经验来消除自我与他人之间的差别与隔阂，这样，不仅会把一种非个人性的主体引入主体性的心脏，同时，也会在一种普遍性的混淆中，将自我与另一个我一并解除，以至在这种集体意识，或复数意识中，重陷以为已解脱的困境之中。在梅洛－庞蒂看来，尽管共在或"交互世界"至少存在于两个个体经验之中，但是，共存在并不妨碍孤独这一事实，甚至不妨碍"唯我论"的相对"真理"。某人与他人交流，交流与孤独并不是绝对排斥的两方，而是一种现象的两个因素。事实上，它们是互相依存的，因为如果自我没有关于他人的体验，就不能谈论孤独，甚至不能断言他人是难以接近的。所以，如果主体意识要获得我的意识这一资格，它同时必须对同类人敞开大门。因为自我作为"既定的"存在，本身就是"一种面对非反省的存在开放着的反省、一种对非反省的反省假设"。自我与另一个自我之间的相互认识、相互交流，正是具有依赖于反省主体这种无可怀疑的、趋向于他人的流动性和开放性特征。如果说我的身体作为我立足于世界的系统，建立起了我与他人的共在，那么，语言对话则使我的思想与他人的思想，"在不是我们之中任何人制造的共同操作中"彼此嵌入共同的基底中。语言交流不仅使我们能够突破我们的直接材料而达到现象领域，而且表明我们自己的世界是如何

---

① 弗莱德·R. 多尔迈：《主体性的黄昏》，上海人民出版社 1992 年版，第 157—158页。

悄悄地过渡到更庞大的共存在的世界；表明我们的世界从好几个方面向它开放，不仅在我们自己的身体之中，而且在文化表现的世界之中。

　　总之，"梅的现象学是人的现象学；它是关于人的不可能完成的事业的现象学"。① 尽管梅洛－庞蒂的知觉现象学并不完备，因而被批评家费迪南·阿尔吉耶称作"暧昧性的哲学"。但是，"梅洛－庞蒂的哲学并不是一片朦胧的暮色，而是一幅具有明暗对比的图画"。② 所以，它所具有的自身价值是不容置疑的。概观梅洛－庞蒂的知觉现象学，其创新性与独特性在于：以一种始终如一的精神，力图将传统哲学一直坚守、细心划分的一些范畴，诸如主体与客体、意识与身体、本质与事实等纳入到一种新的综合。这种新综合的贡献基于这样一个事实，即他总是从对传统哲学的观点、方法的批判开始，然后，以知觉、身体、"肉的世界"的前反省经验，取代了传统哲学的二元论与本质主义的研究方法，从而显示出一种在科学创作的传统和风格中成长起来的人的精神气质。当然，要说梅洛－庞蒂的知觉现象学是完美无瑕，也似有些过头，但是，瑕不掩瑜。就他对反思主体的扬弃、对传统主客两分法的批判以及试图尽可能如实地审查并描述生活世界的现象，它确实改变并扭转了现象学的研究路向，因而在法国思想界甚至整个现代西方哲学界引起了深刻的变化，使人们开始把研究的视角从笛卡尔的主体我思，从那种突出认识主体基础的西方形而上学转向前反省的经验样式和前主体性的经验样式。交互主体性这一理论基础的巨大变化，标志着现象学运动进入了一个新的研究阶段。正如美国哲学家赫伯特·施皮格伯格在《现象学运动》一书中所评价的那样："如果说没有梅洛－庞蒂，如果没有他的学术风度，现象学就很难如此迅速地取得这样的声望，是他通过他的宏大的业绩为现象学赢得了这种声望。"③

---

①　赫伯特·施皮格伯格：《现象学运动》，商务印书馆 1995 年版，第 786 页。
②　同上书，第 748 页。
③　同上书，第 783 页。

第三章
美国交往理论

美国哲学曾表现为分析的、语言学的、逻辑实证主义的主流哲学，在贤哲学人的狭小圈子中对形式化的问题进行分析与研究，然而，在20世纪中叶，美国哲学从重哲学方法和目标分析出现了重新思考并重铸主体—交互共同体，并将其与哲学方法相联系的哲学发展。在"实用主义复兴"话语下的主体—交互共同体彰显出哲学必须回答那些无法适应于分析程序的问题，必须眷顾那些曾为主流哲学与科学哲学所忽视和曲解的交往哲学。

实用主义的特色在于以改良为目标，其思想传统着重于实践中改善人类的生存条件。因此，实用主义哲学强调实践而非理论，以实践形态构建理论本身。在哲学实践方面，实用主义的研究兴趣既非传统哲学所谓的本体论前提，也非与之相应的"描述"、"解释"方法，而是人的认知与理解过程所需要的可能性条件；探寻者在对自然理解过程中以交往为特征的动态学习过程，以及由之所形成的交往主体如何拓展了人类的认知探索。

激发实用主义对交往哲学关注的动因是多方面的。首先，缘起于对传统基础主义及其方法的反思与批判。在诸如皮尔士、杜威、詹姆士与米德这样一些"经典实用主义者"的哲学中，就表现出明显的反笛卡尔主义倾向。在他们看来，哲学首先并不需要任何形式的本体论前提，既不应该，也不需要先行考量有关"我思"的先验性。换言之，不应该、不需要先行确定主体"我思"的理解方式"是"什么，

87

然后再去说明主体的认知行为方式"应当是"如何,而是应当和需要在主体现实的认知行动过程中,来探索人的理解方式和具体认知行为是如何具备各种可能的条件,从而得以具体展开的。实用主义的哲学取向表明,并不存在"我思"之"是"的先验性优先于主体认知行为的"应当是",因而也不需要为哲学实践寻求现象学或逻辑方面的绝对基础。哲学研究应该从一个新的着眼点来探寻人类理解方式的可能性条件,即应该和需要关注的是主体当下所正在进行的具体认知行为和过程,在这种正在进行的"应当是"中,来真实地描述人类理解方式的展开过程,人类理解过程所是的一切就是该过程所需要的可能性条件。

与之相应,在哲学研究的方法论方面,实用主义既反对分析方法,也反对"描述"、"解释"的方法,因为这两种传统都把哲学理解为提出并解决关于事实或价值的理论"问题"。所以,自古希腊以来的哲学理论都一直沉迷于对超时空的抽象价值、确定性的知识、永恒真理以及不变实在的求索,但是,这并不意味着实用主义不关心认知。相反,它把认识视为实践的、批判的以及探寻者的追求;把认识过程视为认知主体参与到所研究的事件中,在一个特定的需求语境中认知"事实如何",以及了解"什么是善"的过程。杜威与米德在对心理学研究的基础上所提出的行动—再调整回路模型正是这种思想观念的解证。行动—再调整回路模型标志着告别了从洛克心灵白板说那里延续下来的被动反应的机械论模型,放弃了心向外求、心灵如何与外界事态相符合为目标的认知观念,而青睐于"有机体的主动性"在与环境动态的关系中,以连续的方式拓展、协调和整合自己的行动,并形成对事实和价值评判的真正有机论的模型。正如美国哲学S. 罗森塔尔所说"实用主义坚决否认人能以旁观者的身份来理解认识或获致经验。人绝不可能仅仅充当宇宙中的旁观者,只是冷眼观察所发生的一切。恰好相反,我们的经验内容总是两个因素的产物,其一是存在的事物,其二是我们借以与存在事物进行相互作用的东西,即我们的解释,或者说,我们的意图或目的性活动。我们的目的、意图,我们所做的一切,均影响着被经验事物本身的性质。可以说,在一定意义上,人类有机体与环境之间的相互作用既塑造了作为认识主体的人，又塑造了作为认识客体的物。传统唯理论虚构出纯粹理性，传统经验论虚构出纯粹感觉，但两者均无法把握存在的事物。传统哲学根本意识不到，与我们打交道的所有事物在很大程度上都受制于我们的目的性的、阐释性的活动"。① 由此彰显出实用主义的原初力量在于：发展与根本性地检验认知事物的新方法，由之推进社会变革和人类发展的方法论。

其次，同上述哲学转向相呼应，缘起于对语言交往能力的研究。实用主义认为自休谟、康德的认识论起，便揭示了人的认识不再是"自然之镜"，但是，人的认识并不是发生在一个单独的有机体内部，而是发生在一群不同的有机体之间的有组织行动。因为人的理性与心灵既不是"白板"，也不是某种自治的领域，这个领域为各种各样的灵活的、动态的、组织化的"意象图式"所填充，并在组织自身经验的过程中形成"相同的意向图式"。所以，认知与理解实质上是一种以交往为特征的动态学习过程。我们的经验世界是以"家族相似"的方式，而非以数学的公式构造起来的动态结构；"视界融合"才能使我们对对象的理解成为可能。要达成以相同的意向应对世界，必然涉及符号及其应用。实用主义认为，符号并不是单纯地描述一个既存的事实，或刻画一个既存的本体论性质的世界的工具，应用符号不仅可以使人们在说与听的交流中，形成一个相互协助、相互指引的共识语境，而且还可以在语言交往中，自我在把当下的意义赋予一个关于过去和可以预期的未来的一致叙事的过程中，逐渐形成自我，拓展自我的意义世界。因此，语言的核心不在于"表达"预先存在，而在于交流，在于建立活动中的协作和交互主体。由此可见，同诸如洛克、卡尔纳普、早期维特根斯坦和塞尔等经验主义者不同，实用主义在对语言及其应用的分析中，紧要的不是通过逻辑的，或语言学的概念分析，发展规范语言，最大限度地限制自然语言内在的歧义性，实现清晰明确的语言交流，以避免语言对思想的误导，而是聚焦于语言的交往，以及语言的社会交往对建构理智与自我的重要作用。换言之，实用主

① S. 罗森塔尔：《古典实用主义在当代美国哲学中的地位》，《哲学译丛》1989 年第 5 期。

义哲学不是把对话的产物——语言当作自己的研究主题，而是把语言的对话这样一种活动与反省、行动与制造的当下过程当作探索的目标，因为在他们看来，"心灵生成于交流"。

随着实用主义把主体理解为在交往实践中呈现并进行有效反思的交互主体，它对于交往哲学的独特价值也清楚地显露出来。理性认知被理解为以交往为特征的动态学习过程，互动交往的认知论优先于对一个客观存在事实描述的认识论，"有机体的主动性"、互动性的实践对话模型取代了独立性、被动性的符合实际的因果模型。这种从因果模型到对话模型的转变意味着，与那种把主体、观察和反思从客体、参与和直接经验中分离出来的传统的、"作为旁观者的知识论"不同，新的认识模型不仅通过看和写，而且通过倾听和谈论的方式，在有他人参与的交往实践的互动世界中构建意义。总之，实用主义要做的是从"描述"到"交流"的转换，感兴趣的是主体—共同体借以形成、呈现和实现对自然理解的持续进行的交流过程，以及交往过程如何拓展了人类的认知，而不是把人类的认知局限于为所谓的本质反映提供论据。在这个意义上，实用主义的交往哲学既是对传统哲学的批判与超越，也是一种重新建构，它发展了另一种关于人的概念，即把认知主体界定为在以交往为基础的探寻—评估的过程中所呈现出来的交互主体。

实用主义作为一种美国本土化的哲学，同样具有近代西方哲学向现代西方哲学转变的基本精神特征。当实用主义的交往哲学指向那些以前被贬斥到哲学边缘的问题时，就意味着美国哲学正处于一场哲学变革之中。在这场哲学变革中，如果说皮尔士的符号学理论是对交往实践的抽象与概括，并旨在阐明交往实践及其发生与演进的各种语境的话，那么，就詹姆士、杜威与米德的交往哲学而言，他们的哲学论题相对来说则更现实、更具体一些。他们更侧重于关注人类的心理、意识、经验，以及具体的社会、教育、民主等问题。尽管皮尔士、詹姆士、杜威与米德的交往哲学所探及的问题域各有侧重，然而，他们的交往哲学则是在批判传统哲学的理性主义程序基础上的重新建构。这种建构的共同旨趣是交往的本性和能力等基本问题，其问题的核心是截然不同的交往行动的条件及其后果是什么？在探及这个核心问题时，实用主义交往哲学独树一帜的研究方式，使之同那些在抽象的形式中对语言进行理论化研究的语言哲学不同，而是把意识与行动、语言与语言的使用融合在一起来进行思考，在这个前提条件下，语言与言语被理解为创新性的而非再现性的，一切与人类事物相关的不确定性——私人的或公共的——都得到了重新探索。感知与表达、理智与民主、自我与社会等都在语言交流这样一种"诗歌的功能与实践功能混合"的艺术交往中生成、变化与发展。所以，实用主义的交往哲学的理想化策略不是追求语言对"存在"或事物的精确描述，而是在对语言与语言交流的实际关切中，揭示影响主体、心灵生成、保持与深化的构成要件与功能，以说明人与人之间的多元视角何以能够成功地达成协调与共识。因为在他们看来，现实世界的"疾病"——问题、错误和失败来源于人们之间相互疏离、对立与冲突，而非缘于信息的不确定性和判断的不准确性。而交往则是与他者沟通、影响公众能力、树立与实现共同目标的最佳方法。

总之，实用主义并没有一个统一的有关交往的理论，因而任何试图要把实用主义的交往哲学统一为一种声音的努力都是狂妄的。但是，这并不意味着实用主义者内部没有共同关注的主题。当实用主义者各自从不同的研究方向来探索交往的语言境遇、交往的"现金价值"、交往的民主模式和交往实践的理想等问题域时，却犹如从不同的边缘域朝着一个圆心、一个共同关注的主题前进，从而使交往哲学在实用主义哲学家的不同话语中汇成一种和声。所以，如果我们希望在人类对话中恢复实用主义的声音，就应当忠实于美国实用主义的多元主义特征，在聆听与鉴别实用主义交往哲学的各种声音的同时，捕捉与研究它们所共同关注的主题，以及它们对当代交往哲学所作的贡献。

实用主义交往哲学的贡献是围绕着对语言交流的关注而形成的。语言交流内在于社会的和个人的进化中，而实用主义者对这种进化的探寻所表现出的独特音调，既显示了实用主义对语用学和现象学的重视与复兴，也表现了实用主义以实践构建理论的共同取向与传统，更展示了一种关于人在语言交流中生成经验并分享其结果的交往主体的转向与创新。实用主义的声音在这些音调中歌唱。

第一节　皮尔士的交往的符号学理论

　　就实用主义的交往哲学而言，皮尔士的普通符号学似乎与交往实践的实际特征并不相干。然而，凡是想从实用主义视角研究交往实践的人，都不应也不能忽视这位符号学领域中的坚定的实用主义者。这不仅在于他最早发现了语言符号的重要性，并被视为语言学转向的先驱，而且在于他探讨了语言应用的逻辑结构。他对符号的内在模式及其符号理想化的使用方式的研究，既发掘出研究和解释实践的共同基础，也为解释交往实践提供了丰富而精微的方法。因此，在对实用主义交往实践的研究中，忽略皮尔士的符号学是令人遗憾的。

一　符号学：准备好的画布

　　皮尔士的符号学是研究符号的理论。这种符号理论不仅与其范畴理论是统一的，而且在数学、现象学中有其存在的根据，并在规范科学中得到了解证。尽管皮尔士的符号学因其理论本身表述的晦涩难懂，以及所应用的"探究"领域的特殊性，从而导致符号学为理解交往活动奠定了理论基础的实际效应并未得到应有的认同，但是，符号学对符号过程内在模式的研究所展现出来的理论优势，则恰恰在于发掘出理解自我、解释实践的共同基础。

　　当皮尔士致力于建立一个真正普遍、广泛的符号学理论时，他对这个目标的追寻，既受来自逻辑学和科学两方面兴趣的启发，也受洛克、索绪尔哲学的影响。就前者而言，作为现代数学逻辑的创始人之一，皮尔士对于符号逻辑与数学的关注与应用，对其哲学体系的生成与构建所产生的影响是不言而喻的。在皮尔士看来，数学与逻辑、逻辑与符号不仅具有内在的相关性，在某种意义上，逻辑与符号甚或是等同的。就后者来说，洛克的《人类理解论》可谓皮尔士符号学的理论起点。在这部研讨知识论的四卷本巨著的最后一章：《科学的分类》中，洛克把科学划分为物理学、实践之学和他所谓的标记之学或符号学。其中符号学的任务"在于考察人心为了理解事物、传达知识于他人时所用的标记的本性"。洛克认为，人心在考察事物时必须要有标记和表象才行，所谓标记与表象就是观念。人的思想"观念"与文字是知识的工具。因此，人们如果要考察人类知识的全部，也应当考察观念和文字。同时他还预言："在适当地考察了它们以后，在清晰地衡量了它们以后，它们或许会供给我们以一向不曾见到的另一种论理学和批评学。"① 尽管洛克在本书中并没有详细地阐述符号学，但是，洛克的观点却引起了皮尔士的关注。他把《人类理解论》作为符号学的序言，用符号学的术语改造了传统人文学科中最基础的学科：语法、修辞学与逻辑，生成了有关符号标准与分类的"思辨的"语法；有关符号的意义与形式特征的"思辨的"修辞学；以及有关符号与对象的关系，即"真理条件"的批评逻辑，从而发展出一种周密的论理学，即符号学理论。

符号学是研究符号的理论，将展示符号由什么组成，并遵循什么法则。在这一基本点上，皮尔士赞同索绪尔的观点。但是，这一共同点并不能掩盖二者符号学之间存在着的根本分歧。对索绪尔来说，符号学是一门特殊学科，依赖于诸如物理学和心理学这样一些更一般的特殊学科的结果。由于索绪尔将符号学置于社会心理学之下，所以，他强调的是符号的任意性，认为"完全任意性的符号比其他的符号更能实现符号学过程的理想"。② 但对皮尔士而言，符号学是一门基础性学科，植根于数学，且只利用现象学，因而他强烈反对把逻辑建立在心理学的基础上，并十分注重自然符号体系，以及协议性符号对自然符号体系的适应性。在这些分歧的前提下，通过对出现在心智面前的"表象"、"地基"或符号的反思，皮尔士认为，一个符号过程是一个复杂的中介过程。"一个符号是与第二个东西，即它的对象，相联系的任何事物，就一个质的方面以这种方式把第三个事物，即它的意义，和同一个对象联系起来"而言③，符号在其内在性上是三合一的。在这里，皮尔士坚持符号的三叉性观点，与索绪尔认为符号不过是把指示者与被指的东西联系起来的双价观点有着根本性的区别。在皮尔士

---

① 洛克：《人类理解论》下册，商务印书馆 2009 年版，第 778 页。
② 科尼利斯·瓦尔：《皮尔士》，中华书局 2003 年版，第 96 页。
③ 同上书，第 99 页。

看来，一个符号通过作为符号载体的中介把一个对象和一个意义联系起来，这样，符号便表现为与它的对象及意义的双重关系。符号在与对象的关系中，符号是被动的，但在与意义的关系中，符号则是主动的。换言之，对象决定符号，符号又决定意义，而意义又可以在新的符号关系里成为对象，由之符号则会不断地产生新的符号。在这种无限制的"符号行动"中，它包括"三个主体的合作行为，例如一个符号、它的对象以及它的意义；这种三个联系在一起的影响在任何意义上都不能化减为成对之间的行动"。① 因此，符号行动不仅在本质上是三合一的，同时，符号也是主体生成意义、制造联系、标示差异的方式。根据对符号的这样一种理解，皮尔士通过对表象、对象与意义这三种符号类型的分析，试图提出一种具有一定结构并适用于所有种类的符号的类型学，就如同门捷列夫为化学制定的元素周期表的分类表一样，使得人们能够对于符号关系进行系统的研究。

皮尔士的符号理论与其范畴理论是统一的，所以，他的符号学只有在他的学科分类体系中才能得到正确的理解，因为它不仅在数学、现象学中有其存在的根据，而且在规范科学中得到了解决与证明。受康德基于先验逻辑而构建起来的范畴体系的启发，皮尔士寻求范畴的目的，就是要挖掘出对一切对象具有普遍有效性的定理。不过，皮尔士推导范畴的过程，则异于康德从先天综合判断中演绎范畴的方法。对皮尔士来说，真正普遍适用的、不能化减的全部范畴只能导源于数学，因为数学是所有学科中最基础的学科，其旨趣是假设事态，而不是事物的实在性。他曾在《如何推理》中阐述了数学作为基础学科的普遍性。他说："每一门学科都有它的数学的部分。只要命题提出来让大家接受，即使在它们被采用以前，必须向数学家请教什么结果将会产生。"② 所以，他寻求、推导范畴的过程，既不是基于心理学，从主体的心智如何运行来推导范畴；也不是依循于语言学，从人的语言结构中抽象出范畴，而是运用数学的绘图方法，即用表征关系的点和线来推导范畴，同时又将康德范畴表中的十二个范畴化减为更为基本

---

① 科尼利斯·瓦尔：《皮尔士》，中华书局2003年版，第101页。
② 同上书，第12页。

的三个范畴，即第一性（firstness），某物、第二性（secondness），其他、第三性（thirdness），中介。对皮尔士来说，"这三个范畴是按等级排列的，而且它们是渗透的。没有无第二性的第三性，没有无第一性的第二性。再者，第一性产生了第二性，它又引起一种中介，或第三性。"① 在这里，范畴的第一性、第二性、第三性，不仅具有毕达哥拉斯派意义上将数看作是自然法则的普遍实在性，因而适用于一切存在的或不存在的事物，同时范畴所表现出来的三元关系，也是构成更高级次关系的必要条件。对此，他在《猜谜》一书中如是说："一个只有三条分叉道的路可以有任何数量的终点，但是一端接一端的直线的路只能产生两个终点。因此，任何的数字，无论多大，都可以在三种事物的组合基础上产生；而且结果是，没有任何观念可以包含这样一个与三的观念极为不同的数字。"② 在这个意义上，皮尔士的范畴理论应该被理解为数学中的一个公理，这个公理为理解所有知识提供了一个基本定理。

皮尔士的算法理论既推导又预设了他的范畴理论，但他并没有直接将数学的范畴应用于现象，而是在对令人惊异的心智现象的研究中推导出现象学的范畴。依皮尔士之见，如果说三个数学范畴及其相互关系是在自然界中有待发现的普遍原理，并具有自然法则的实在性，那么，它们一定适用于任何可能的对象，也一定适用于现象学的对象。对皮尔士来说，现象学作为哲学，在本质上是一门经验的科学，它的任务就是要悬置对于"应当如何认识"、"应当如何做"的考虑，仅仅通过观察、辨识每时每刻出现在我们意识面前的现象的要素，而无论我们是在清醒时做认真的调查，或者是在梦境中倾听着施赫亚德的故事，以便去探究和发现什么种类的因素在所有现象中是普遍的，它们的特性是什么，以及这些因素是如何相互联系的。最后，在对意识现象的观察、辨识中推导、制定出一个范畴的目录，并证明它们是自足的而不是多余的。确切地说，皮尔士现象学的范畴推导不仅同其数学的范畴推导具有同样等级式的结构，同时又在这种推导中从哲学的维

---

① 科尼利斯·瓦尔：《皮尔士》，中华书局 2003 年版，第 17 页。
② 同上书，第 19 页。

度解证了三个范畴的普遍性。他从对出现在心智中最简单的因素：显现性或任何简单的感觉观察出发，断言显现在心智面前的知觉对象都具有某些一般的特性，即都隐含着第一性、第二性和第三性。现象学的范畴：第一性，即定性的直接性，是与任何事物都无关联的、绝对自由的"直接感觉"；第二性，即原始对立，是与另外一个事物相对或连接的它在性、非持续性和最后性；第三性，即不可消除的中介，连接着对象与对象之间的关系。皮尔士确信，所有显现在心智面前的现象或经验都包含着这三个范畴。这三个范畴中的每一个都标示着我们在经验中可能遇到的普遍因素，它们引导着我们在实际世界或想象世界中应当从什么方向观察，并预期什么关系。因此，皮尔士不仅把有关美、正确与真理的规范科学——美学、伦理学和逻辑学看作是根据这三个范畴对于现象思考的结果，而且在未完成的《猜谜》一书中，在诸如形而上学、心理学、生理学、物理学、生物学、社会学以及神学中追踪现象学的范畴，说明现象学的范畴在每一个学科里会以不同的血肉之躯显现。所以，正如美国新实用主义者罗蒂所评价的那样，皮尔士最笃信康德主义，他坚信哲学能够为人们提供一个无所不包的超历史的语境，而所有其他学科均可以在这个语境之中寻得恰当的位置和等级。

如同洛克所主张的那样，人们如果要考察人类知识的全部，就应当考察观念和文字，而在适当地考察与清晰地衡量了它们以后，它们可能会供给我们提供一种论理学和批评学。毋庸置疑，皮尔士在对"表象"或符号未反思的观察中所生成的现象学的范畴，不仅为理解所有的知识提供了一个基本的框架，也为理解自我与交往实践提供了一个理论基础，这或许就是皮尔士改造整个逻辑理论，建构符号学的初衷。对于此，他曾说："就建立一座将超越于时代变化的哲学大厦而言，我所关心的与其说是用最好的精确度来放好每一块砖，不如说是铺设厚重而庞大的根基。"① 在皮尔士看来，如果我们要想理解人类有意识的生活与交往实践，就必须通过意识不可还原的维度：第一性、第二性和第三性来进行探寻。因为意识不可还原的维度，同样也是人

① 科尼利斯·瓦尔：《皮尔士》，中华书局2003年版，第11页。

的语言交往的不可还原维度。所以，当把这些经验之中的普遍形式运用于对自我与交往的研究时，现象学的范畴——直接性（第一性）、对立面（第二性）、中介（第三性）——的含义不仅更为突出，同时，范畴或符号过程的内在模式也为探寻者提供了价值无限的启发性线索。

二　人是符号

皮尔士的普通符号学与其实用主义犹如一枚硬币的两面，他的"实用主义准则"的表述是他长期研究符号学的后期产物，因而在某种意义上，他的实用主义本身就是一种对符号进行系统研究的符号学学说。澄清"困难的词"与"抽象的概念"，并对符号的意义、效应以及可能有什么实际的关系之类的过程进行研究，其目的就在于揭示人的理智、自我对各种形式的符号行为的深刻而广泛的依赖，使人更敏锐地专注于人类行为的条件和后果。

皮尔士在符号学领域中是一名坚定的实用主义者。他的实用主义既是一种弄清任何概念、教条、命题、词和其他符号的真实意义的方法，同时又注重符号的意义与效果。在对符号的研究中，他表现出了强烈的反传统基础主义的倾向。对于皮尔士来说，哲学虽然不像特殊科学那样依赖于特殊的观察，但是，它却研究每个人都可以接触到的东西，即"每个在他醒着的生命里的每一小时所接受的如此多的经验"。依照对哲学的这种定位，皮尔士的实用主义在证实词语或概念意义的过程中，既竭力避免陷入"理性主义"的先验方法；同时又在符号诉求的标准上与笛卡尔鲜明地区分了开来。皮尔士坚信"对于一个概念的完全的定义所必需的，仅仅是确定'证实或否定那个概念所隐含的所有可以想到的实验现象'"[1]，所以，他在证实概念的意义时所采取的方法是科学的实验方法。对皮尔士来说，有意义的符号并不仅仅局限于词语和句子，而是认为"任何可以作为符号的东西都可以有意义，无论它是一个词、一句话、整个一种文化，还是像风标一样的物体"。[2] 根据实用主义准则，所有事物或各类符号的意义完全是被

---

① 科尼利斯·瓦尔：《皮尔士》，中华书局2003年版，第39页。
② 同上书，第39页。

可以想象得到的效果决定的。对于这一点，皮尔士在《如何使我们的概念清楚》一文中说道："考虑什么效果，以及可能有什么实际的关系，这是我们认为我们的概念的对象所具有的。那么，我们对于这些效果的概念是我们对于对象的概念的全部。"① 这就意味着符号不仅具有它所指的直接意义，而且会产生影响将来的理性或思考行为的经验效应，并在思想有了足够的发展以后，符号会在人心里产生实际的效果。在这种意义上，实用主义的准则只是一种意义标准，因而它既不同于笛卡尔所追求的概念的真理标准，也不同于逻辑实证主义的证实原则。因为一个符号或陈述句是否有意义仅仅在于由之可以想得到的实际效果，而不在于它是否清晰明白，是否被经验证实。正由于实用主义的意义标准关注的只是符号对人的理性或思考行为所产生的经验效应，所以，这种哲学取向所产生的严重后果即是：哲学家应该放弃发现事物的真实面目的努力，因为科学的本质不在于所谓的"无偏见"地发现真理，而在于试图去跟踪实际的真理制造的过程，为不懈地追求真理而奋斗。当然，如果把实用主义看成意在指导人的行为的学说，那么，它所强调的符号对人的理性或思考行为所产生的经验效应，不仅揭示了符号的"诱导"（Abduction）作用，为创新性的重新排列、重新组合和重新联系经验，并与理智、自我控制的观念相关联，而且也意味着经验意识的不确定性和不完善性，实际上是理智控制和交互性的充分条件。

如果说任何符号的意义是它想得到的实际效果，那么，皮尔士的符号学所关注的只是孕育实用主义意义上的理智。根据这种理解，理智不在于从我思的视角体悟，而在于专注于一个行动方式的条件与后果。这种哲学动机缘起于力图摆脱由笛卡尔肇始的有关心智的现代哲学的认识论成见，重新深入领悟人的理智与自我。皮尔士认为，"现代哲学从来没有能够完全摆脱笛卡尔的有关心智的观念，即人的心智是'居住'在松果腺体里的。在这个时代，大家都讥讽这个观念，但是每一个人都继续以通常的相同的方式看诗人的心智，把它看作存在

---

① 科尼利斯·瓦尔：《皮尔士》，中华书局2003年版，第36页。

于人之中，或属于他，并与真实的世界相关联"。① 皮尔士反对这种强调自主的个人是知识基础的传统观点，因为它既暗示着心智是被限制在人的身体里的某种东西，同时也混淆了自我与心智，形成了自我的自主心智这样一种"最庸俗的虚荣的幻觉"。在皮尔士看来，当我们以理智的方式行动时，其行动的条件和后果，总是以某种方式和程度超出了我们的意识和理论，所以，只有专注于人类行为的条件与后果，才能更全面地理解理智与自我。在皮尔士看来，无论是知识或真理的获得，还是信念或自我人格的形成，都不限囿于单个人的范畴，而属于一种社会活动。就前者而言，知识的探究，或真理的获得是一个典型的公共过程，探寻者或思想家的独断意志或其他的个别特性，会在足够长的时间中，通过把进入心智的任何事物的意义取决于可以想象得到的实际结果这样一种原则，而最终达成一个"最后的意见"。这个过程表明"真实"的东西可以被修改，承诺了可错论。而可错论并不排斥"对知识的真实性的高度信心"，相反，恰恰说明知识的"真实性"是一个无限的共同体在无限的时间内能够达到的东西。就后者而言，信念集合，或构成自我的个体特征或人格（Personality）统一性的力量，不是个体的身体特质或肉体欲望，而是无数代人的共同经验逐渐建立起来的被生活习惯连在一起的心智。换言之，信念或人格是一种观念上的联系，或"一束习惯"。但是，这并不意味着心智或"一束习惯"的统一性一定是和自我意识的统一性相互对应，它很可能存在于与他者的关系中。因为在社会活动中，探寻者或自我应该接受他者的权威，相信且依赖于他者的"证言"。当我们通过无知和错误的经历达到了对自我的认识时，完善的知识将过滤掉自我的特异性、克服自我的片面性。这个过程表明自我不是生来具有的，而是在与环境的互相作用中生成、后天得来的；表明自我的概念是一个流动性很强的概念，心智所涵盖的领域要比仅仅一个自我大得多，因而思想不可能被分配或限囿在个体的心智里。正如一个著作家的思想是存在于他的已经出版的书籍里，而不是存在于他的大脑里一样。事实上，人的心智"就像我们说一个物体在运动而不是运动在一个物体里，我们

---

① 科尼利斯·瓦尔:《皮尔士》，中华书局 2003 年版，第 111 页。

应该说我们是在思想里，而不是思想在我们里面"。① 所以，正是我们在心智的表面浮游并且属于它，而不是它属于我们。总而言之，与笛卡尔的怀疑论相比，皮尔士将其探究的注意力不是放在人为的不可动摇的基础的开端，而是放在了探究的目的的终点。他否认存在作为"我思"起点的个人，以及把人看作一个自足的和自主的个体的现代观念，而强调人的心智与自我的生成、演进与社区，或社会观点。在他看来，"社区，而不是个人，是真理的所在地。……文艺复兴时期巨人的时代结束了"。②

基于上述思想，皮尔士进一步将自我发展为思想的符号理论。在《对于所谓的人所具有的一定官能的问题》一文里，皮尔士吸纳了柏拉图在《诡辩家》中所主张的——思想是灵魂与自己沉默的对话——观点，认为人只有在应用符号时才思想。对皮尔士而言，人类与其他物种相比，最重要的优势在于人类控制自身的行为，具有"更高等级的自我控制水平"，而人类自我控制的最大优势则在于应用语言的能力。他曾说："我认为，语言能力本身是自我控制的一种表现形式。思维是一种行为，思维本身是可控制的，这是众所周知的（这是常识的内容）。对思维的理性控制表现为对思想的思考。所有思维借助于符号以及对符号的直接应用。"③ 如果人只有凭借词或符号时才思想，那么，这恰好证明：一方面，语言与自我密切相关。每一个思想是一个符号，意味着思想应该被理解为一个动态的和持续的符号行为过程。在这个过程中，每一个符号会产生一个意义，而这个意义又成为一个符号，从而产生它自己的意义，所以，每一个思想都将表象、对象和意义三个要素联系了起来。根据"实用主义的准则"，所有事物或各类符号的意义完全是被可以想象得到的效果决定的，那么，我们对于这些效果的概念就是我们对于对象的概念的全部。由此便可以推断：人的思想是符号，那么，我自己也是符号。关于这一点，皮尔士说道：

---

① 科尼利斯·瓦尔：《皮尔士》，中华书局 2003 年版，第 120 页。

② 同上书，第 54 页。

③ Lenore Langsdorf, Andrew R. Smith, *Recovering Pragmatism's Voice – The Classical Tradition, Rorty, and the Philosophy of Communication*, State University of New York Press, 1995, p. 38.

"我的语言就是我自己的总和，因为人就是他的思想。""人所用的词或符号是人的自身。因为把每一个思想是一个符号的事实与生命是思想的列车的事实联系起来，我们可以证明人是一个符号，因此每一个思想是一个外在的符号，证明人是一个我在的符号"。① 人所使用的词或符号不仅就是人自身。另一方面，思想不是什么个人私有的事情，而在本质上是公众的。思想不是限围在个体自我的头脑里，而是居住在人们用来交流的公众符号的结构里。因此，当一个个体的心智成为它的符号载体后，每个个体的思想是外在的，只是到后来才是内在化的。由此可见，在语言与主体的关系上，皮尔士试图说明自我与语言符号之间的内在关联，以证明人的理智或行为是由符号定义的，在思想与语言的关系上，皮尔士不仅颠倒了自笛卡尔以来思想是私有事情的观点，而且颠倒了思想是内在的，只是为了交流才把它外在化的传统观点。事实上，正是这些观点与颠倒，既揭示了影响理智、自我与自我行为模式的条件，同时也展示了他独到的有关人的符号学理论。

三　符号是交往的中介

皮尔士的符号学理论实际上是对人类交往实践的抽象与概括。这种抽象与概括的目的在于：不仅说明人类的符号行为是人类行为的最显著方式，以不断拓宽与加深对于人类自我控制的行为模式的理解，而且阐释人类交往实践及其发生与演进的种种语境，以发现自我作为世间主体参与这个世界的途径。

毋庸置疑，皮尔士明确地将人类对语言的使用与自我的主体性概念联系了起来，其理论目的是通过人的符号行为，揭示自我意识、自我批判、自我控制的生成、保持与深化何以可能的规范化因素；揭示交往实践作为不同个人展示自身、修正自身及其行为模式的舞台。在皮尔士看来，诸如指称、断定、解释和探寻之类的过程实际上是人类自我控制的行为模式，更确切地说，语言能力是自我控制的一种表现形式；符号行为是支撑自我作为主体参与并生活于这个世界中的路径。因此，对交往的符号学解释，便构成了皮尔士符号学讨论中的最基本

---

① 科尼利斯·瓦尔：《皮尔士》，中华书局 2003 年版，第 117 页。

的术语之一。在皮尔士的大量文本中，他不仅将符号定义为"那种通过它获得更多知识的东西"，或"在理智的传播中承担一个本质性的部分"，而且认为"一个符号是交往的一种中介"，"一个符号可以定义为一种形式的交往中介"。① 那么，把符号描述为交往的中介，在最传统的意义上，它表示在一个种群内部，符号是一个有机体与另一个有机体交往的工具和中介。在通常意义上，表示当心灵缺席的时候，符号依然起着一种中介的作用，诸如像书籍这样一些文本等。然而，严格地说，在皮尔士的交往符号学的意义上，符号作为交往的中介，既表示符号是判断者或解释者达到对判断过程和解释过程进行充分控制与施加影响的手段，也表示主体自我通过参与符号行为而成为世间主体，以及交往实践何以可能。

交往过程是一个主体参与的过程，因而也可以称为一种实践。交往实践作为一种符号行为，符号不仅是自我的不同阶段之间的对话形式，也是唤起一个反应，并在参与者的反应中嵌入他者视角的中介。诚如皮尔士所说："言语是思想的本能工具，一个人与下一刻的自己进行沟通都要通过言语……我们不知道这种能力是如何起源的。不过每个数学家和逻辑学家都会告诉语言学家，他们（指数学家和逻辑学家）掌握了一种非常不同的符号系统，可以把语词和词形翻译到这个符号系统中，从而达到超出语言学符号的可能限度的理智程度。"② 在这里，皮尔士与柏拉图可谓英雄所见略同，都把思想视为一种交往形式。"'思想总是表现为对话——自我的不同阶段之间对话——的形式，对话必然包括符号作为其物质形式，正如象棋必然包括棋子作为其物质形式。'换句话说，思想不同于单纯的白日梦，而是某一时刻的自我努力与后一时刻的自我交往的过程"。③ 如果我们的内在生活是自我的对话，那么，语言则是思想的总和。因而，自我与他者的差异不仅在于社会性，也在于主体性：我们的内在生活是自我的对话。然

---

① Lenore Langsdorf, Andrew R. Smith, *Recovering Pragmatism's Voice – The Classical Tradition, Rorty, and the Philosophy of Communication*, State University of New York Press, 1995, p. 35.

② Ibid., p. 40.

③ Ibid., p. 36.

而，对皮尔士来说，符号既可表现为思维的理性控制，也可以定义为一种"交往的中介"。人们凭借符号行为，在自我与他者的"授—受"的交互影响过程中，既被抛到自身之外，超越实际的此时此刻，超越当下的位置和视角，同时，自我与他者之间的僵硬对立也会得到协调，因而交往既是一个使最初无意识地参与了符号行为的自我"不断深入自我意识、自我批判和自我控制"而成为反思的、审慎的自我的过程，也是一个我与他者多样性的视角融会为一个更加相互包容的过程。所以，皮尔士在强调人类理智的有限性的同时，也意识到人类理智的超越性，尤其是人类超越实际的或历史的"可能的实践经验"限度的能力。在这个意义上，符号学与"实践"概念相互勾连，彰显出皮尔士的符号学不在于使理论服从于实践，而在于把理论本身视为一种随之而生的实践。在这种交往实践中，"交往是一个子宫，作为个人的主体从这里出生；交往是一个舞台，各种演员在这里表演"。① 换言之，交往实践是不同个人展示自身框架、自身维系和修改自身及其行为方式的舞台。

哲学在原则上是不可能没有理论预设的，皮尔士坚信这一点。事实上，关于交往过程或交往实践的真正皮尔士式的解释，必须依赖于他的现象学描述和规范性的反思。他的现象学描述不仅将视角聚焦于现象或现象的组合，并且推导出现象学的范畴，解释了人类心灵如何以普遍的范畴形式突破主体性的直接性界限；他的规范性反思则以理论形态揭示了人的符号行为何以构成、批判与修改主体自身，从而为解释内在于交往实践中的规范和理想奠定了理论基础。所以，对皮尔士来说，关于交往过程的解释，现象学的描述与规范性的反思紧密相关。因此，如果我们想要理解人类的有意识生活和交往，就必须通过不可还原的普遍范畴——第一性、第二性和第三性。如上所述，现象学的范畴：蕴含了不可说性质的第一性；蕴含了斗争的持久性的第二性；以及蕴含了自我的开放性和理智提升的第三性。实际上，皮尔士

---

① Lenore Langsdorf, Andrew R. Smith, *Recovering Pragmatism's Voice – The Classical Tradition, Rorty, and the Philosophy of Communication*, State University of New York Press, 1995, p. 42.

的第一性、第二性和第三性的范畴的主要价值并不在于对这些纯粹形式概念进行抽象的陈述，而在于发现直接性、他者和中介限定交往过程和交往实践的方式。皮尔士认为，第一性作为意识的即定性，表现为意识在其自身中是其所是的自由性，"在其中，没有比较，没有关系，没有可以辨认的多重性（因为部分是不同于整体的），没有变化，没有有关存在着的东西的任何改变的想象，没有反思。除了一个简单的肯定之外，什么都没有"。① 第二性作为原始的对立，"它打破了自由幻想的游戏，并倾向于把在那个时刻的任何主宰它的东西抹掉和成为怀疑的对象"。② 所以，第二性是一物对另一物不容商量的、粗暴的、直接的强加行为。而第三性作为不可消除的中介，则是将事物（第一性）与事物（第二性）联系起来的方法。从这些抽象的现象学范畴的内涵看，如果说第一性的原始冲动的定性是我们的实际意识和实践会话中的一个显著性质，那么，通过第二性对理智的挑战的不可避免性所提供的与他者的差别性或"延异"，则在第三性不可消除的中介中，使自我卷入某种形式的对话过程中。在对话的交往过程中，自我唯有通过他者才能获得与深化。在这里，他者永远不是交往过程的一个终点，而是含义不断变化的条件，通过这个条件，"内嵌在言说中的意向性"或诱导作用，使自我与他者、同一与差异不断地在其中得以实现与更新，同时，自我意识、自我批判和自我控制的能力也不断地得以提升。所以，一方面交往过程在原则上并不存在一种决定性的、不可错的方法来确定起点和终点。从"为了研究或讨论、思考的目的，我们从这里开始⋯⋯"到"出于全部实际考虑，我们的任务已经完成"，标志着起点与终点都是由参与者的对话确定的。另一方面，任何一个可以指涉自己存在的参与者实质上都以对话的方式参与并构成一个探寻者共同体，但是，这个共同体永远无法到达绝对知识或全面实现理想化共识的终点。由此可见，当皮尔士把符号的特征抽象化为直接性（第一性）、对立面（第二性）、中介（第三性）时，现象学的范畴绝不是强求事实与之相符的先验模型，而是从现象学探

---

① 科尼利斯·瓦尔：《皮尔士》，中华书局2003年版，第25页。
② 同上书，第26页。

索中所推导出的范畴视角，来解释自我与他者之间的交往过程和交往实践的方式。在这个意义上，皮尔士对交往的符号学解释，首要关注的不是人类对符号的实际使用，而是符号在探寻中理想化地使用的方式。

皮尔士的交往理论对符号过程的内在模式，而非对令人迷惑的文本的思考与解释，目的旨在揭示影响主体性的获得、保持和深化这一问题的规范性；揭示交往实践充当着人作为世界主体展示自身及其行为模式的不变条件。在这种探索中，尽管皮尔士的交往理论明显地专注于语言应用的逻辑结构而忽视了实际的交流过程，因而使得他的符号学为理解交往活动提供了深刻而富有启发性的理论资源没有得到应有的认同，但是，他的现象学范畴：第一性、第二性和第三性不仅提供了令人深省的直接性、他者和中介所展现出来的交往过程的全部复杂性，而且启发与引导人们以最丰富、最包容的方式去研究、探索和解释实践的共同基础。正如 V. M. 科莱皮特（Vincent M. Colapietro）在《直接、对立与中介——皮尔士论交往过程的不可还原方面》一文中所评价的那样："皮尔士哲学探寻的体系论概念不应被理解为试图勾勒出一种使得'各种其他种类的讨论都能在其中找到正确的位置和等级'的全面的、一劳永逸的框架。我们也不能把它理解为一个可以挖掘出丰富概念的知识源泉。实际上，皮尔士的体系论概念的核心在于整合一系列的启发性线索。这些线索不仅提供了探寻者应当选择的前进方向，而且提供了探寻者可以汲取的源泉（即探寻者可以从中获得启发的学科）。特别是皮尔士的现象学和符号学，当我们在交往之初建立的探寻过程和实践时，皮尔士的现象学和符号学是无价之宝"。① 因此，皮尔士独特的交往符号理论，引起了那些想从实用主义视角研究交往实践的后继者的关注，而皮尔士本人恐怕没有想到，一群哲学家和交往理论家会以他的著作为基本启示，开拓一个新的研究领域。

---

① Lenore Langsdorf, Andrew R. Smith, *Recovering Pragmatism's Voic – The Classical Tradition*, *Rorty*, *and the Philosophy of Communication*, State University of New York Press, 1995, p. 47.

第二节 詹姆士的符号现象学

实用主义虽然是皮尔士发明的，但通常被称为"实用主义之父"的却是威廉·詹姆士。他反对学院式的研究，而刻意用常识的语言表达，使其思想影响很可能超过了任何一位美国思想家。詹姆士的实用主义表现为对一个人的整体生活经验的关注，并力图从中发现交往媒介的共同特质。所以，当他把凡是真实的经验活动必然是有效力的称作"实践的现金价值"时，就意味着交往不仅只是一个行为问题，更是一个社会理解或意识的问题。那么，符号现象学作为詹姆士彻底经验论的一个衍生理论，它的方法是直观和经验、描述与批判，它的研究焦点是人类的经验意识，以及符号与符号过程的经验。这种经验作为双向关系——感知与表达、人与世界——的综合，不仅揭示了规范性的研究如何割裂了交往的经验，而且从现象学的视角，说明自我、符号（经验）与世界的三位一体关系，避免了自我与世界、认知与行为相割裂的二元论。在这个意义上，詹姆士的旨趣是交往的源头，而不是局限于研究抽离出来的交往行为。因为在交往中，经验结构的条件远比交往的行为更值得关注。

一 "纯粹经验"：交往的票面价值

在探索交往时，人们常习惯于聚焦行为，而遗忘了自我与经验。实际上，交往不仅是一个行为问题，更是一个社会理解或意识问题。当我们把存在对象化为信息或行为时，经验既是人类意识的反思性条件，也是引导我们日常行为的风向标。在这种意义上，经验在某种程度上是可靠的，意识可以是一致有效的，所以，自我的系统不容被忽视。以自我的系统研究为基础，可以从经验的、解释学的与批判的三种范式来研究交往。如果说，伽达默尔解释学的范式试图解释和理解他人，哈贝马斯批判理路的范式试图影响社会的变革，那么，詹姆士经验主义的范式则试图阐释交往的源头，即在探究"纯粹经验"生活之流的前提下，发现交往的"现金价值"。

实用主义自认为是一种经验主义，而它确实是一种经验主义，因为它关注那些被传统经验论所忽视的丰富的存在内容。不过，在所有的实用主义者中，詹姆士则更为极端地强调了经验，他所制定的经验概念则构成了整个经典实用主义哲学的典型特征。他的"彻底的经验主义"方法和"纯粹经验世界"的世界观，便是这种倾向的解证。在他看来，哲学家对世界做出的理性解释有清晰性的优点，但是它必须根植于经验世界。这种世界观必须意识到自身对"原初的体验之流"的依赖，才能避免空洞，这既是詹姆士同理性主义路线划清界限的标尺，也是他"彻底的经验主义"的出发点。"彻底的经验主义"作为一种镶嵌的、多元事实的哲学，在经验的本质上，与休谟及其后继者们的哲学一样，是用个别经验来解决哲学问题的方法。这种方法既不把经验事实归于实体，为它所固有，也不把它们作为一个绝对精神的造物。但是，彻底的经验主义既与休谟、穆勒等人的"普通经验主义"相区别，也与理性主义相对立。与"普通经验主义"强调事物的各种分离不同，它既坚持经验的彻底性，也坚持事物之间的连接性关系。它反对理性主义，因为在方法论原则上，它坚持对经验的观察，用个别经验、殊相来解决哲学问题，而不是依靠思想的虚构，用抽象的原则，或永恒的共相来解决问题。与之相应，在理论的构架上，彻底经验主义的思想方式倾向于从部分走向整体，理性主义的思想方式倾向于从整体走向部分。基于这样一种思维原则，詹姆士以其经验的一元论，一方面力图超越经验主义与理性主义之间的对峙，另一方面又力图克服自古希腊哲学家德谟克里特开始，便令"哲学大伤脑筋的那些罪恶的分割：比如在意识和物理自然二者之间的分割，在思想和思想对象二者之间的分割，在这一个心灵和那一个心灵二者之间的分割，以及在这一个'事物'和那一个'事物'二者之间的分割"。①超越与克服，紧要的是找出构成"我的实在世界"的唯一素材或质料，并"按照它的票面价值来对待"。

如果仔细研读詹姆士的著作便会发现，与那些由于忽略了知识在生活世界中的起源而过分思辨化的知识论不同，他所关注的是概念及其所有行为的前意识基础：感知。感知的第一性不仅为概念，也为人

---

① 威廉·詹姆士：《彻底的经验主义》，上海人民出版社1987年版，第4—5页。

类行为提供了经验的基础，所以，他从现象学的视角，应用具体的观察方式来追溯事物与概念的缘起。在他看来，构成一切事物与概念的素材或质料是"纯粹经验"。纯粹经验，"它是由这做成的，出现什么它就是什么做成的"。所以，无论是连续性的经验，抑或是非连续性的经验，以及连接经验的关系本身，都表现为与经验完全对等的"实在的"内容，都属于直接知觉到的事物。因而既不需要像贝克莱、休谟等经验主义者那样，把任何所直接经验的元素——连续性、结合性——从它的结构里排除出去，似乎为我们所辨识的任何事物，都是"松散分离的"、七零八碎，"毫无连接的样子"；也不需要像"思想过分细致的"理性主义者那样，把任何不是直接所经验的元素——"外来的超经验的连接性"，或"超经验的实在"——接受到它的各结构里去，似乎直接知觉到的经验，必须靠一堆呆板的、硬邦邦的概念来实现数目上的统一。所以，面对普通经验主义与理性主义各持分散与统一的对立立场，詹姆士说："我们可以通过下列一对简单的思考跳出所有这样的矫揉造作的困境：第一，连接和分离在任何情况下都是对等的现象，如果我们把经验按照其票面价值来对待，就必须把它们视为都是实在的；第二，当事物呈现为连续的结合在一起时，如果我们硬要把它们视为实际上是分离的，而在有需要把它们联合起来时，我们要求一些超验的原则来弥补我们所假定的分离，那么我们就应当准备使用相反的做法。我们也应当要求更高一级的拆散的原则，使我们的仅仅是所经验的一些拆散更为真实地实在。如果做不到这一点，我们就应当让本来是现成的连续性好好地待在那里。我们没有权利对它们有所偏持或者随心所欲地颠来倒去。"① 因此，彻底经验主义对于统一与分散、连接与分离这两个方面都一视同仁，予以公平的对待；对每个事物都按照它的票面价值来对待。按照事物的票面价值来对待，就意味着"彻底经验主义把世界当作一种集合，其中某些部分有联结关系，而其他一些部分有分离的关系。两个部分，本身并不相连，却可以靠某媒介物以各种方式联结起来，因而整个世界最终也以相似方式联结在一起，因为从世界的一个部分到另一部分的连接性的转折之

---

① 威廉·詹姆士：《彻底的经验主义》，上海人民出版社 1987 年版，第 27 页。

某些通路可能总是可以识别的。这种有确定界限的联结可以称作锁链式的结合，以别于'彻底'型的联合，'总体之中有个体，个体之中有总体'（人们可能把它称作总的合流之联合）。……一个部分的合流常常在锁链式的世界里经验到，我们的概念和我们的感觉是合流的；同一个自我的相连续的状态和这同一躯体的感情是合流的"①。在这个经验总体中，我们所感觉到的任何事物，它是什么样子就把它当成什么样子，都必须被算作是"实在的"，不多也不少。正因为在经验的实在里边有着同"意识"的实用价值相等的东西，所以，一方面，把意识公开的、普遍地抛弃的时机已经成熟，因为像理性主义所理解的那样的意识并不存在。"意识"一词并不代表一个实体，而只是代表一种职能与认知；概念也不是"以赞赏的玄思为最后的结果"，而必须植根于活生生的经验之流中，以作为手段来扩展我们的视野。另一方面，与过去经验主义不同，一个新纪元就要开始了，因为经验的各部分之间的关系也是经验的一部分，经验世界有权拥有一个相连的或连续的结构。

倘若我们所亲自体验到的世界只是由一种"实在的"原始素材所构成的，而这种素材叫作"纯粹经验"，那么，认知就不过是纯粹经验的各个组成部分相互之间发生的一种特殊关系，即它的一端变成知识的主体或负荷者，另一端变成所知的对象或客体。在詹姆士看来，"常识和通俗哲学都是竭力尽二元论之能事的，我们大家都自然地认为：思维是由一种实体做成的，而事物是由另一种实体做成的。在我们的内部以概念或判断的形式流动着或者以激情或情绪的形态而凝聚起来的意识，能够被直接感觉为精神活动，并且认为与它所包容和伴随的填满空间的客观'内容'是相反的"②。实际上，经验、显现是一连串感觉、情绪、决心、运动、归类、期待等的末端，止于现在，同时它也是一连串趋向未来的同样的"内在"活动的开端。在这样一种止于现在、趋向未来的纯粹经验状态中，事物与思维是用同一种材料做成的，而不是异质的。经验在其纯净的状态中，它只是平实无华的

---

① 威廉·詹姆士：《多元的宇宙》，商务印书馆2009年版，第199—200页。
② 威廉·詹姆士：《彻底的经验主义》，上海人民出版社1987年版，第74页。

未经限定的现实性或存在，是一个简简单单的"这"。然而，当我们回顾时，就会把经验重叠起来，或被改正，或被肯定。在这个意义上，我们一方面看到一种精神状态，另一方面又看到这种精神状态所指的一种实在。所以，"我认为一部分既定的、未分的经验，在一套联合着的组织结构里扮演知者的角色，精神状态的角色，'意识'的角色；然而在另一套结构里，这同一段未分的经验却扮演一个所知的物的角色，一个客观的'内容'的角色。总之，它在这一组里表现为思想，在那一组里又表现为事物。而且由于它能够在两组里同时表现，我们就完全有权把它说成同时既是主观的，又是客观的"。① 这样，人们用不着走出经验本身的网络，主体和客体、表现的和被表现的、思维和事物的二元性，仅仅是共同的各经验项之中的经验关系的各种差别。经验关系的各种差别只意味着一种在实践中的区别。这种区别虽然是极端重要的，然而仅仅是属于职能范围的，绝不像古典的二元论所讲的那样：在自在的经验之中存在着把自己一分为二，即一个是意识，另一个是意识所属的东西这样一种属于本体论范围的情况。在这个意义上，实用主义也是一种自然主义。因为"实用主义并不承认经验乃是主客体的共同产物，并不承认经验是由主体的主观内容和自然界的客观成分联合构成。它排斥任何旨在把主观性的感觉材料与客观世界相联系的努力。相反它认为，经验本身就是自然内容。人的经验是与人的目的性活动密不可分的，而人作为有思想意识的有机体乃是自然界的一部分。心灵本身就是自然界的一部分"。② 因此，在我们每一个人的每一段历史里边，主体和客体、表现者与被表现者、思想与事物，在质料上是同质的、数目上是同一个，即同一个经验之流。

毋庸置疑，詹姆士建立了一种与英国经验主义形成鲜明对比的彻底的经验主义。这种彻底经验论坚持"纯粹经验原则"，关注自我的"纯粹经验"。在这个意义上，它与批判诠释学的研究方法有着一致性，即这种方法的研究不局限于对存在，或对抽离出来的行为方面进

---

① 威廉·詹姆士：《彻底的经验主义》，上海人民出版社 1987 年版，第 5 页。
② S. 罗森塔尔：《古典实用主义在当代美国哲学中的地位》，《哲学译丛》1989 年第 5 期。

行表述，而是聚焦于所有行为的前意识基础——自我系统。而当詹姆士转向人的自我系统时，他不仅在方法论原则上，而且在理论的架构上都与理性主义的研究思路完全不同。他既不是首先反思自我，预先假定一个完成了的抽象自我，也不热衷于用抽象的和永恒原则去追求世界的统一性。相反，詹姆士以其"喜爱各种各样纯粹事实"的经验主义气质，去了解各种具体事实并把它们归结为经验系统。在这个经验系统中，熟悉实在的多样性和理解它们之间的联系具有同等重要的票面价值。基于对世界的这样一种追求与洞察，詹姆士一方面阐述了意识领域内经验的连续性、复杂性与丰富性，以及自我、经验（符号）与世界的统一性，由之不仅跨越了传统哲学二元论的栅栏，同时也同分析哲学划清了界限。因为分析哲学的特点恰恰在于它把经验理解成相互分离的感觉材料，或片断，并设立了经验与自然、心理学与物理、主体与客体之间的二元对立，然后又挖空心思来使这些虚幻的对立物联结起来，统一起来。另一方面也表明了彻底的经验主义是一种彻底的时间性主义，它排斥任何承纳永恒实体的形而上学，转而制定出一种过程哲学。经验是时间性的，它是连绵不断的经验之流，过往的内容存在于现时，并决定着未来的可能状况。因而无论我们从经验的事实得出什么样的理性结果，"纯粹经验"总是引导着我们进行认知、解释与行为的直接生活之流。

二 彻底经验主义与实用主义

彻底经验主义首先是一个公准。这个公准拒绝任何永恒原则和终极真理，而坚持事实与具体性。在这个意义上，实用主义与彻底经验主义之间有着紧密的逻辑关系。对实用主义者来说，真理既是素朴的直接性经验中被报道、被知的易感性，也是引导行动，或实践的"有效用价值的类名词"。这样，彻底经验主义与实用主义在方法论原则上的一致性，就使问题的展开具有了如下双重内涵：解释一个事物要追溯其缘起；同时也表征着认知一个事物要预知其后果。认知、概念与行为必须根植于活生生的经验之中，因为经验"是要在上面行动的东西"。

在詹姆士看来，"彻底经验主义"的理论是一个独立的思想体系。

一个人尽可以完全不接受它，但仍然可以是一个实用主义者。实用主义的"真理"和"意义"，也同样用不着建筑在任何基本的关系论，以及由之所产生的哲学问题之上。在这个意义上，彻底经验主义与实用主义研究不同的对象，因而可以当作彼此独立的两种学说，但是，在把彻底经验主义与实用主义当作两种方法来看待时，本质上却没有什么区别。因为"实用主义哲学代表哲学上为人们所完全熟悉的一种态度，即经验主义的态度，在我看来，它所代表的经验主义，比经验主义历来采取的形式更加彻底，而且没有多少可指责的地方。实用主义坚决地、完全地摒弃了职业哲学家们许多由来已久的习惯，避开了不切实际的抽象和不当之处，避开了字面上的解决方式、坏的先验理由，固定的原则，封闭的体系以及虚假的绝对和根本。它趋向于具体和恰当，依靠事实、行动和力量。这意味着经验主义的气质占优势地位，而理性主义的气质却被直率地抛弃了；这就意味着开放的气氛和各种可能的性质，而反对那种独断、矫揉造作和狂妄的终极真理"。① 所以，实用主义并不代表任何具体的结果，它不过是一种方法。这种方法意味着哲学"气质"和"态度"的重大改变。这种改变不仅使理论变得灵活和柔和，而且"软化"了许多古老的哲学倾向并与之相协调，从而使每一种理论都能发挥其作用。可以说，实用主义与唯名论一样，关注特殊的东西；与功利主义一样，注重实践；与实证主义一样，拒斥抽象的、无用的形而上学。所以，"实用主义愿意采纳任何东西，既遵从逻辑，也遵从感觉，并且重视最卑微、最具个人性质的经验。要是神秘经验有实际的效果，它也愿意重视神秘经验。假如在私人事实的灰土堆里可以找到上帝的话，实用主义也愿意接受一位住在这种灰土堆里的上帝"。② 由此可见，实用主义没有任何偏见，也没有任何固执的信条和独断的理论，它乐于接受一切知识方法，只要这些知识方法可以在人类实践中寻得根基。所以，实用主义只不过是确定方向的态度，"这种态度不是去看第一事物、原则、'范畴'和假定

---

① 威廉·詹姆士：《实用主义》，商务印书馆 2009 年版，第 30—31 页。
② 同上书，第 47 页。

的必然性；而是要注意最后的事物、成果、结果、事实"。① 因此，一个优秀的实用主义者，必须要面向经验、坚持"事实"，在特殊的经验事例中观察真理。真理对实用主义者来说是经验中各种确定的、有效用价值的类名词。

与之相应，彻底经验主义的原理作为一种方法上的假定，它把某个经验着的人在某个确定的时候能够经验到的事物当作是事实，而"每一个真实的事物必须是在某个地方能够经验到的，而每一种经验到的事物必须是在某个地方是真实的"。② 根据这样一种纯粹经验原理，在经验之流的什么地方也就存在着人的"主观生活"。诚如詹姆士所说："凡是在我们找到任何事物正在进行的地方，我们就禁不住要对于活动加以肯定。对某个正在进行的事物的任何理解，在最广泛的意义上，就是活动的一种经验。——'正在开始的变化'是经验的独特的内容。这是彻底经验主义极力寻求以恢复和保存的那些'有连接性的'对象之一。因此，在最广泛和最含糊的情况下，活动感和'生活'感是同义的。即使在注意到并且宣布一个在其他方面不活动的世界时，我们应当至少感到我们自己的主观生活。我们自己对于主观生活的单调乏味的反应就会是在主观生活里以某个事物即将过去的形式而体验到的那唯一事物。"③ 所以，"被当作是"（"Known – as"）的东西必定表示在活动里发现的东西，而经验到这样一个情境的人也必然具有这个观念所含有的一切内容。如"他感到这种倾向，这种阻碍，这种意志，这种勉强，这种胜利，或者这种被迫的放弃，正如他感到这个时间，这个空间，这种快速性或者强度，这种运动，这种重量和颜色，这种苦与乐，这种复杂性，或者这种情境可能包含的任何其余的特性。"④ 因此，"活动的感觉"，除了过程、障碍、努力、勉强，或者释放这些经验之外，没有任何可以想象的内容。一个经验着的人存在着就是活动的，只有在我们是活动的时候，我们作为经验者才存在。

---

① 威廉·詹姆士：《实用主义》，商务印书馆 2009 年版，第 32 页。
② 威廉·詹姆士：《多元的宇宙》，商务印书馆 2009 年版，第 211 页。
③ 同上书，第 211—212 页。
④ 同上书，第 214 页。

　　然而，世界的价值和兴趣并不在于它的元素是事物，或者是事物的一切连接，而在于这些元素所引起的"整个过程的戏剧性的结果之中"。生活是一个包含意义与希望、努力与成败、渴望与欲望，以及内在价值的总存在（presence）。在这个总存在面前，过好的、有价值的生活是人们想要知道事物的一切元素的真正理由。所以，真实有效的因果关系，不仅在于我们感觉到它存在的那个东西，在于我们自己的活动系列所揭示的那种连接，而且在于主观上感到的活动——我们的思想与我们的经验协调一致——会被看作是连续进入遥远的客观活动。在这里，詹姆士承继并发扬了皮尔士的实用主义原理：信念实际上都是行动的准则。他相信："人类行为的目的性本性是真理的一般条件，但是与这个条件相伴的是，人类经验内在地具有模棱两可性或模糊性。任何有意义的行动都是依据行动的目标发出的，我们认为这个目标是属于我们自己的。"[1]"目标是属于我们自己的"，并不意味着指导我们的近似选择的包容性目标可以被当作客观的公设。诚如塞弗雷德（Seigfried）所揭示的那样，为避免使主观的洞见和信念落入既成的宗教和迷信教条的掌控，詹姆士的观点表明：一个事件的意义或"本质只能在付诸行动的意义的视野中得以确定……这个视野既是文化的，又是个人的，也就是说，它必然与以社会方式建构并以个人方式评价的目的（ends – in – view）相联系"。[2] 总之，对詹姆士而言，凡活动完全是具体的、真实的，它们才是有效力的。因此，在我们的现实世界，或已知经验世界中，活动感和"生活"感随欲望和目标的确定诉求而生，同时也会出现明晰的动因、信念，以及有效力的观念。而经验作为生成确切的欲求目标、信念及其有效力的观念的根源，永远是人们实践的"真理"，是人们行动的基础。

　　美国哲学家 C. 莫里斯说："对于实用主义者来说，一个主要关心的问题是人类的行动。但这种关心不涉及'运动'或'活动'本身，不涉及建立在人类生活之上的一切观念作用，也不涉及人类本性的全

---

　　① Lenore Langsdorf, Andrew R. Smith, *Recovering Pragmatism's Voice – The Classical Tradition, Rorty, and the Philosophy of Communication*, State University of New York Press, 1995, p. 11

　　② Ibid. , pp. 10 – 11.

部理论。它关注的（尽管并不仅仅）是人类行为的一个方面：智力行为，即在意识作用下有意或有目的达到的行为。皮尔士常称之为'自我控制的'行为或'由充分的思考所控制的'行为。"① 詹姆士的彻底经验主义就表现了实用主义这样一种精神气质，展现了对一个人的整体生活经验的关注，所以，在对人的行为与实践的研究中，它明显地自命为经验主义的同盟。二者的核心观点在于应用具体的观察方式，表明人类行为的世界并不优先于感知、经验世界；反之亦然。具体的、经验的世界之所以能被体验到，是因为与意识相关联。意识决不仅仅是"更喜欢苍白无力的和幽灵似的东西"；也绝不是"总会选择那种干枯瘦削的外形而不选那丰满厚实的实在。"意识宁愿光照"这个充满汗水和污垢的实在世界"，脚踏实地地倾心于世俗生活中的日常经验。经验是赋予我们有待认知的生活之最终的特质，因而对人类活动、交往实践具有真实的"现金价值"。

三　经验意识本身就是交往的事业

"纯粹经验"是"据为己有"的意识事实，其中感觉与概念、意识与行动是融合在一起的。感觉与概念之间的关系，表现为概念和我的感觉是合流的；意识与行动之间的关系，表明主导性的因素是意识，而非行动，这似乎表明彻底的经验论是坚持经验一元论的唯我论。然而，经验是多元的，意识是开放的，所以，问题并没有就此止步。纯粹经验作为我的"有意识的"生活事实，从逻辑上引入了它如何能够可以理解地进入两个意识之中？两个心灵如何能够知道一个事物？我以什么方式与他者感同身受，从而使得彼此孤立的心灵"可以进入和算在两个不同的意识流里而不变成两个单元呢？"对于这些问题的思考与阐释，表征着经验意识本身就是交往的事业。

纯粹经验意识的事实只有在被感觉的范围内才存在，其中不断有一些新经验加进来而感受老经验的"温暖"，同时这些新经验又"回顾"老经验，由之生成一种前后相继的经验合流而成为"我的"感觉活动。"我的"感觉活动作为被我知觉到的"有意识的事实"，是以

---

① C. 莫里斯：《美国哲学中的实用主义运动》，《世界哲学》2003 年第 5 期。

"我"为核心所经验到的世界。那么，我所"经验到的世界（否则就称作'意识领域'）总是以我们的身体作为它的中心，和视觉中心、行动中心、兴趣中心一道而来。身体存在的地方是'这里'；身体行动的时候是'现在'；身体所触到的是'这个'；所有其他的东西都是'那里'、'然后'和'那个'。这些强调位置的词蕴含着有关身体里的行动和兴趣之中心的事物之系统化；而且这种系统化现在是成为本能的了（难道过去任何时候不是如此？），我们一切发展了的或者活动着的经验都是以那种秩序的形式存在。就'思想'和'感情'能够是活动着的而言，它们的活动在身体的活动中结束，而且只有通过首先激起身体的活动，它们才能够开始改变世界上其余部分的活动。身体在所有的那种一连串的经验里是风暴的中心，各种配套事物的根源，以及压力的常在住所。每个事物都围绕它转，而且都从它的观点被感觉到"。① 因此，如果活动有感觉的话，必定是以"我的"活动方式被感觉到。"我的"活动是独特的，并且"我在内省以后肯定我的活动存在于头脑里的运动之中"。这样，"我的"身体与感觉的一致性便构成了"个别化的自我"。

"个别化的自我"似乎勾画出一幅彻底经验主义的唯我论图式。这种图式，正如 B. H. 博德在《"纯粹经验"和外在世界》一文中所批评的那样，无论是作为整体或整体的各个部分都心满意足地停留在主观方面，而对客观知识没有给予成功的解释。但是，对于詹姆士来说，当彻底的经验主义强调按照连接关系的"票面价值"来对待经验对象的时候，其实表明经验的实在是在经验里被给予的，因而它把经验的自身超越解释为发生在经验之内的一个过程。任何一个经验，它的"指点"或"终点项"，既不是在超经验的世界里被媒介，也不是一种时间以外的静止关系。在这里，如果把经验的过渡和预期看作"我的"意识事实，与其说陷入了贝克莱的"冷酷、勉强、不自然"的唯心论，还不如说更接近自然的实在论。因为对贝克莱而言，内在的、异质的观念或经验之间既没有连续性，彼我之间的心灵也永远不能有共通性，所以，每个人的生命都不过是由一堆经验、观念杂凑起

---

① 威廉·詹姆士：《多元的宇宙》，商务印书馆 2009 年版，第 217 页。

来的"唯我论"（solipsisms），这样，从逻辑上只有仰仗上帝才能组合成一个"论域"或"宇宙"。在詹姆士看来，为自我所感觉到的经验实在，既是在时间之中展开的关系所做成的同质要素，同时作为连续过渡、相互交织的认知经验，也意味着经验意识的多元性与开放性。经验本身虽然没有什么绝对统一的基底，但是，不论是连接性的或是分离性的经验之间，一个环节滋生另一个环节的过渡，则使经验的结构得以继续。所以，"在过渡里和在被连接的各关系项里有同样多的生命；实际上，看来生命在过渡里时常更为显著，就好像我们的冲锋和突然袭击造成战场上真正的火线，就好像农民烧起燎原野火时一条火线向前蔓延一样。我们就是看着前方同样也向后回顾地生活在这条线上"。① 在这条线上，知识得到了证实，真理"被储存下来"，成为对可能的生活与现实的生活具有同等"兑现价值"的支票。经验意识的开放性，表明彻底经验主义与其他一切哲学——无论是理性主义，还是普通经验主义不同，它不仅向前生活，同时也向前理解，并且相信任何时刻都永远存在一个具有经验性质的"彼岸"。思想的这种不完全性意味着人类意识永远无法完全了解自身，而且既能满足《信仰的意愿》，也给世界、民主与伦理留下了开放性。

"我的"经验意识不仅具有多元性与开放性，而且与他者的心灵之间也存在着共通性。彼此孤立的心灵之间之所以会相遇、相接并产生共通性，则在于各个心灵能够在某种共同的对象上相汇合。这种断定来自于自我的知觉性。因为当我看见你的身体的言行举止时，便可以类比推论出你的身体的行为方式同我的身体的行为方式一样，都是由其内部生活所策动并"有所表示的"。这样，我的知觉使我有理由确信："在我的宇宙中我叫做你的身体的那一知觉性的部分里，你的心和我的心相遇合并且可以叫做相接。你的心策动那个身体而我的心看见了它；我的各样思想就像转成它们的和谐的认识的完成那样转成那个身体；你的情绪和意志就像原因转成其结果那样转成那个身体。"② 但是，我的心与你的心相遇并相接，则在于大家的心都指向了

---

① 威廉·詹姆士：《彻底的经验主义》，上海人民出版社1987年版，第46页。
② 同上书，第41页。

一个在同一个地方的"共同所有物"。或者说，在现实的生活实践中，彼我的心在它们所指向的共同对象世界中相遇、相合。同一个对象，既可以被关联到其他随便多少完全不同的心灵上去，也可以在其他随便多少完全不同的心灵上占有一个地位。正如同一个点可以放在各线相交的点上，同时，又可以引出许多不相同的线一样。所以，同一对象或同一经验出现在两个或更多的意识中并使之在同一个共同所有物中交汇并非谬论。"一个感觉仅仅是像它被感觉的那样"，固然它之是"我的"仅仅是由于它被感觉为我的，它之是"你的"仅仅是由于它被感觉为你的。但是，它之同时以我的和你的两种不同方式被感觉并"据为己有"，这恰恰在原则上证明："你的心灵和我的心灵可以终结到同一的知觉上，不是单纯地与之相对，就像它是一个外在的第三者那样，而是把我们两人的心灵插入它的里面，并且同它合并起来，因为当一个知觉性的终点'完成'时表现为所经验的连接性的统一就是这样的。"① 如果彼我的心灵通过这个共同所有物连接起来而生成"共同的知觉"或"共同意识"，那么，彼我的思想就会终结于一种经验上的完全统一性，同时随着新经验连续不断地涌进与增长，这个经验集合体将会更为巩固地结成一体的形式，从而人们关于真理的争辩也会随之终结了。

詹姆士的彻底经验主义坚持经验的多元性、开放性以及彼我心灵之间的共通性，表明它的理想化策略不是追求科学性的精确判断，而是寻求在现实生活世界中，对相互冲突的实际关切之间实现最成功的妥协，达成多元意识的统一性。这种理想诉求既不屈从于科学的理性主义，也与黑格尔绝对一元论的倾向背道而驰，而是坚持循着多元论的更富于经验性的路径。在詹姆士看来，尽管洞察与追求事物的统一性历来被看作是哲学的需求，但这不过是哲学需求的一部分而不是它的全部，理智的"伟大智慧"在于：它所实际追求的，"既不是单纯的多样性，也不是单纯的统一性，而是总体性。在这个总体性中，熟悉实在的多样性和理解它们之间的联系是同样重要的"。② 在这种认知

---

① 威廉·詹姆士：《彻底的经验主义》，上海人民出版社1987年版，第43页。
② 威廉·詹姆士：《实用主义》，商务印书馆2009年版，第73页。

的前提下，他批评黑格尔的绝对论虽然有一定的影响力和冲击力，但是，由于理性抽象的统一性忘掉了其他一切事物，所以，从绝对精神这种观念中，既推论不出任何与实际事物相融合的特殊事物，同时那种使各个部分互相牵连交错在一个逻辑的——审美的——目的论的——统一图像，也只不过是一个永久的梦想，由此这种不着边际、空虚不实又造成了理智上严重的停滞，因而理智的智慧是回过头来沉入经验之流。经验之流所展现出来的联合与统一要远远多于人们的推测：在这里，就世界的各部分是由某种确定的联系结合在一起来说，"世界是一"，就世界的各部分之间多种确定的分离情况而言，世界是"多"；在这里，理智既容易同某种个别的大小波澜合流并生长发展，同时又在经验的合流中证明理智的真实性，而且还能与各种有限人生构成的现实世界有某种肯定的联系。

如果说彼我的心灵会终结于一种经验上而生成"共同意识"，那么，循着经验事物之间的实际连续的无数其他途径，自我的心灵既可以从一事物转移到另一事物。同时，由于每一个具体事物与其他事物之间有无数种类联系，这些联系的任何一种的总体形成一种使事物结合起来的系统。这样，循着这些把事物联系在一起的影响线路，人们就在一个彼此相识的巨大网络中结合了起来。"比如布朗认识琼斯，琼斯认识鲁滨逊，如此等等；只要你正确地选择了更远些的中介人，你就可以把消息从琼斯那里传给中国的皇太后或非洲俾格米人的首领，或者传到有人居住的世界上任何一个人"。① 所以，尽管宇宙分为高低不同的层次，世界存在着各式各样的系统方式，但是，如果人们能够选择一个正确的"传导"，通过"心灵感应"相互联系，从而使我们每个人都能立即知道，或在某种条件下能够立即知道，别人在想着什么，那么，随着时间的推移，通过人类的努力，便可以以一定的方式逐步把世界越来越好地统一起来。实际上，人们正在努力地以一定的方式逐步地把世界统一起来。世界中由人们的相识所结成的殖民系统、邮政、侨务、商务等各种运行的系统，"每个系统都表现某种形式或某种等级的联合，它的各部分都贯穿着那种特殊的关系，而且同一部

---

① 威廉·詹姆士：《实用主义》，商务印书馆 2009 年版，第 76 页。

分可能出现在许多不同的系统中，就像一个人可能担任各种不同的职务或者属于几个不同的社团。因此，从这种'系统的'观点看，世界统一性的实用价值就是，所有这些确定的联系之网都现实地和实际地存在着，有的包容较多、范围较广，有的包容较少、范围较小；它们相互交错重叠；而在它们之间绝不会遗漏掉宇宙的任何单位的基本部分。虽然在各种事物之间有很大部分是不相联系的（因为这些系统的影响和结合都严格地遵循着独特的路径），但只要你能够正确地找到这种方法，那么每个存在着的事物都以某种方式受到其他事物的影响。大概地说，一切事物一般都以某种方式互相依附、互相联结，宇宙实际上是以网状的和链状的形式存在而成为一种连续的和整体性的东西。只要你随着它从一个事物转移到下一个事物，任何种类的互相影响都有助于使世界成为'一'。① 因而可以断言，世界的统一性问题，只能用经验的方法而不是理性的逻辑。如果这个断言是合理的，符合常识的，那么，整体性的"一"，就意味着事物的结尾而不是表现在事物的开头，"终极"的观念必须取代"绝对"的观念。

总之，詹姆士交往哲学的主旋律是探讨交往的源头，发现交往媒介中的共同特质及其"实践的现金价值"。詹姆士以自己特有的方式而不喜欢用任何相反的方式，聚焦于对"人类本性的活生生的事实"的直接观察，在这点上，他与海德格尔的研究旨向有着异曲同工之妙。正如 C. H. 塞弗雷德（Charleen Haddock Seigfried）在《规划值得为之奋斗的目标：詹姆士与哲学的重建》一文中指出的那样，"贯穿詹姆士一生的基本兴趣在于，设想在多元视角下的商讨，达成合作的'期待的目标'（ends – in – view）。詹姆士对于交往哲学的贡献在他针对主客观问题所做的斗争中得到了最清楚的体现"。② 应该说，这种斗争起始于他对理性主义批判，而坚持同普通经验主义相歧异的彻底经验主义的路线。循着这条路线，经验生活之流中的概念与感觉、主体与客体、意识和行动融合在一起，从而为达成人们心灵之间的"共同的

---

① 威廉·詹姆士：《实用主义》，商务印书馆 2009 年版，第 77 页。

② Lenore Langsdorf, Andrew R. Smith, *Recovering Pragmatism's Voice – The Classical Tradition, Rorty, and the Philosophy of Communication*, State University of New York Press, 1995, p. 10.

知觉"、"共同意识"奠定了认知基础，最终"世界的统一"作为一个不断演进的主题，沿着"现象"与"实践"同义这样一种"基本的方法论程序"发展而成。所以，詹姆士哲学既非对象和行动的哲学，亦非观念的哲学；它是关于对象的经验和主体本身参与的行动的哲学。这种哲学探索，尽管遭到了罗蒂的强烈抨击，认为"詹姆士是一个混乱得不可救药的哲学家，一个痴迷的基础主义者"。同时还常常被他的后继者们给予错误的解读，并远远偏离了实用主义路线。但是，詹姆士的现象学揭示并开辟了理解人类有意识经验的一个远为丰富和复杂的"论域"，它引导我们关注限制我们言谈的背景（意识形态论述）与我们表达（行动）的可能性之间的复杂的相互关联。从实践的角度考虑，交往总是在文化环境和社会环境的参数之中展示其行为表现，并内在于这些参数之中。从当代交往理论的视角看，在理解个人自主、民主、伦理等概念时，不能仅仅考虑这个概念的表达，同时还必须考虑知识、经验、行为与身份等产生的社会影响。在人际交往中，自我系统及其经验结构的条件比"自由"的表达和"理智"的群体决定更值得关注。因此，詹姆士立足于第一性观念的现象学原型，以及它更具现象学特色的研究方法，则影响与启发了当代现象学、后现代主义。当代现象学关于个人交往与生活世界的观念，后现代主义对交往经验更为深入的洞察，以及对交往更富建设性的方法，都得益于詹姆士的交往理论。在这个意义上可以说，詹姆士对哲学是热诚的，不论他的哲学是对还是错，如同柏拉图、黑格尔一样，在哲学上都属于给人留下了深刻的印记和独特形象，并具有"特殊气质的哲学家"。

第三节 杜威的民主交往理论

美国的民主成为一种在美洲盛行的生活方式的理念和价值观，不是从理论家的梦想中诞生的，也不是来自书本和有关民主的说教，而是源自一种平等主义的生活经验。1837 年爱默生（Ralph Waldo Emerson）在题为"美国学者"的演说中，清晰地表达了美国经验创造了一种新的生活观念，即人作为一个行动者和实行者，世界对他提出了一系列挑战，这些挑战不能用退缩、忍受和祈求得到神救来回答，而必须用深思熟虑的行动来彻底摆脱承袭已久的陈规陋习，全身心地投入新世界所敞开的新生活。这种认识，对杜威的理性成熟以及理解美国经验起到了至关重要的作用。强调持续不断地克服挑战的种种努力，特别是强调民主精神形成了杜威哲学著作中的中心话题。然而，与基于"理性自律"的启蒙主义的民主模式不同，杜威所强调的民主模式立足于"社会理智"，以语言交流为核心，勾连并呈现出多元化的表现形式、社会想象力的培育、普遍的相互关爱和艺术化的表达等话语。这些话语所构建起来的民主交往理论，旨在创造一种民主的生活条件，拓展一种交往主义的民主模式。

一 "理智重建"

杜威的民主交往理论是在对启蒙主义的民主模式的批判中，发展出来的一种交往主义的民主模式。两种民主模式的根本区别在于，是以理性自律，抑或是以"社会性的理智"为基础。杜威从生态学的互动视角出发，提出了"行动—再调整回路模型"，从而为他的民主交往理论奠定了理性基础。

启蒙主义的理性观强调个体主体的理性自律，并借助意志将人心中的观念、真理贯彻于行动之中。依杜威之见，这种由笛卡尔肇始，并为洛克、休谟、康德等人传承的启蒙主义理性观是错误的，因为理性并不是以自明性原理为基础的先天的、非历史性的、确定的普遍性，而是经验的、历史性的、非确定的交互性。所以，建基于以自明的自我自律之上的启蒙主义的民主模式，从未获得过人类学探寻的支持。为此，他在对现代生物学与心理学研究的基础上，重新认知并解释了心灵与有机体的行为，提出了"理智重建"，向传统哲学关于心与经验性质的假设提出了挑战。"理智重建"的认识论基础是他所提出的"行动—再调整回路模型"。这个模型作为"反射弧"模型的替代理论，对杜威而言可谓意义重大，由之所展现出来的理智的"经验与自然"，既标志着他告别了那种把有机体视为一个被动的机械结构，等待环境刺激而后做出反应的经验主义，也标志着他放弃了那种通过反思意识的成分而对心灵所作的沉思与玄想的理性主义。这种建基于"新心理学"之上的回路模型，把认识与行动、探索与实验、语言与交往统一起来，把认识过程视为认知主体参与到所研究的事件之中，在一个特定的需求语境中操纵、实验"事实如何"，以及了解、评价"什么是善"的过程。它的独特品性之一，是将内嵌在传统哲学中，通常被作为独立研究对象的自然观、真理观和价值论，从认识论上给予了通盘反省与思考。在杜威看来，自柏拉图哲学以来的哲学理论都一直沉迷于对超时空的抽象价值、确定性的知识、永恒真理以及不变实在的求索，隔绝了善、存在、认知与行动的关系，因而导致了对善、存在与认知的理论化与抽象化研究。

杜威的"行动—再调整回路模型"强调的是"有机体的主动性"，其核心问题在于，心灵状态如何与外界事态相互作用并建立关系。在杜威看来，传统哲学或者认为心灵是一种独立于身体和环境之外的实体，或者认为心灵只是一种对身体变化，或环境变化进行内省与感觉，其活动不过是把这些感觉组合成印象、知觉和概念。根据杜威对生理学和心理学的理解，人的生存就意味着去进行反抗、反应、斗争，因而人的精神生活行为对环境的反应总是有选择的。杜威在其所著的《伦理学》（1932）中，明确地表达了这样一种基本观点："观察一个孩子——哪怕是一个幼小的婴儿——足以令观察者确信，一个正常的人在清醒时出于主动性之中。他是一股涌动不息的能力的汇集。有机体移动、到达、处理、推动、撞击、撕扯、铸造、挤压、观看、倾听等。在清醒时有机体不停地探索环境并建立新的联系和关系；当然，为了恢复活力，静止和休息也是必需的。然而，对于一个健康的人来说，没有什么比长时间地被迫出于被动地位更难以忍受了。行动是无须解释的，而主动性的中止反倒值得关注。"[1] 而在讨论"反射弧"的那篇文章中，他以一个孩子看见蜡烛，触摸它，被烫伤，而后缩手的经典例子，揭示了经验的发展过程是一种寻找刺激的过程，同时这个过程对生成主动性的含义又具有决定性的作用。他坚信认识过程也是一种经验的方式，虽然经验在经验过程中并不创造被作用的事物，但

---

[1] Lenore Langsdorf, Andrew R. Smith, *Recovering Pragmatism's Voice – The Classical Tradition, Rorty, and the Philosophy of Communication*, State University of New York Press, 1995, p. 140.

经验者的作用进入了被经验之中。因为经验者在经验过程中，知觉并非被动地反应，而是在不同的环节之间存在着恒常的交互作用，相互引导、相互校正的学习与"交往"。这种交往或经历并不是一个简单的新经历，而是原有经验的发展，并导致对整个经验彻底的重新解释，从而形成一个统一的理智结果。在这个意义上，杜威的有机论模型既强调有机体原初的主动性，以及有机体作为整体与环境的动态的交互作用关系，也强调在有机体与环境的交互作用中，学习不仅是可以理解的，而且是本质性的。

"行动——再调整回路模型"对有机体行为的新颖解释，不仅告别了被动反应的机械论模型，生成了一种主体互动的交流模型，而且也引导杜威形成了一种完全不同于启蒙主义的理性观。理性不再是以自明性原理为基础的确定的普遍统一性，相反，理性是模糊的、有张力的，在与他者、社会情境动态地、整体性的互相影响，以及对问题的洞见与评判中显露出来的交互性与不确定性。换言之，理性不是一只固定的眼睛，仅仅瞄准一个不变的视角，而是如同多面棱镜，处在动态的、多元视野的中心，以想象力对问题创造性的处理，由模糊的、悬而未决的情境，向可修正的、有确定答案的情境转化的过程本身；自我也不是一个与世隔绝、与语境无关的抽象的理性统一性，而是在与他者的语言交流过程中，把自己展示给他者，也展示给自己，逐渐形成一个独立自我的过程。对杜威而言，人的理性或心灵并不是发生在一个单独的有机体内部，而是生成、拓展于不同的有机体之间的相互交流与沟通。他说：语言是人类交际的自然功能，"通过语言，一个人好像扮演戏剧一样，似乎自己正在从事于一些可能的活动和事业；他扮演许多不同的角色；他不是在生命的连续阶段上，而是在同时扮演的戏剧中这样做的。因此便有了心灵的产生"。① 心灵产生于语言沟通。人际间的语言沟通本身既表征着在共同行动内部存在着不同的视角，而且也彰显出语言不仅具有独特的工具性、终极性和目的性。它具有工具性，因为它使哑巴动物变成有思维、有知识的动物，使我们能够对一种共同环境的多种可能性进行探索和评估，从而生活在一个

---

① 杜威：《经验与自然》，商务印书馆 1960 年版，第 138 页。

有意义的世界之中；它具有终极性，因为它为整个社会提供了共享的对象与交流的艺术。由于它所独有的这种中介性和终极性，人际间的相互沟通使意义充实、加深、巩固，并成为令人敬畏、钦佩和忠实欣赏的对象；它具有目的性，因为它使人从其直接的孤独个体提升出来而参与到同他者的一种意义交流之中。所以，"在一切的事情中，沟通是最为奇特的了。事物能够从在外部推和拉的水平过渡到把它们本身揭露在人的面前，因而也揭露在它们本身前面的水平，而且沟通之果实会成为共同参与，共同享受，这是一个奇迹，而变质（即圣餐变体——作者注）在它的旁边为之失色。当发生了沟通的时候，一切自然的事情都需要重新考虑和重新修订；它们要被重新改作，以适应于交谈的要求；无论它是公开的交谈或是那种所谓思考的初步谈话，都是如此"。① 因此，语言的要点并不在于对某些原先存在的事物的"表达"，更不是关于某些原先就有的思想的表达，而在于交流使每一个参与说与听交流的活动者的行为，由于参与其中而有所改变和受到调节，从而形成一个相互协助、相互包容、相互指引的共识语境，并在行动上取得一致。

毋庸讳言，杜威拒绝机械论模型，而青睐于真正的有机论模型。有机论模型确定了有机体在环境中的主动性的同时，也强调有机体在与自然和社会环境动态的相互作用关系中，以连续的方式拓展、协调和整合自己的行动，并形成对经验与自然、价值与事实的学习与评判。所以，对杜威而言，道德、科学和理性是密切相关的。如果说心灵或理智生成于语言交流，那么，产生于这种理智的道德与自然就必然具有鲜明的自然主义的、社会性的与探究性的特征，而不是超自然的、非社会性的与理论性的。同时由之所生成的道德与自然也蕴含着对各种不同立场的广泛包容，以及对自我主义和狭隘的个人主义的否定。在这里，伦理生活既不是"具体经济与政治问题探究领域之外"的"个人"的"空疏玄远的道德"；价值概念也不是有关某种预先"存在"的描述与命题。"善"作为一种"理智"，不再是纯粹理论的兴趣，既不是通过研究经典所发现的东西，也不是通过服从权威而获得

---

① 杜威：《经验与自然》，商务印书馆1960年版，第135页。

的东西。相反，"几乎所有重要的伦理问题都源出于紧密联系在一起的社会生活"；而道德的社会性则"正像行走与物理环境之间的相互作用一样，道德是人与社会环境之间的相互作用"。① 这样，"善"就是在与他物、他人的实际境遇中辨识、描绘价值和概念，并依据结果进行检验。或者说，"善"实际上就是改善这种源于实践并复归实践可能性的确信。

同样，科学严格地说也不属于个人，它的研究活动和结果都取决于使用它的人类。在这一点上，关于科学探究的协作性、公共性，杜威与皮尔士的思想是相通的。对杜威来说，"无论是哪个领域的，所有的科学探究都是自然的、情景性的、立足于问题的、理论的和实践相结合的以及评价性的"。② 科学是唯一合理的组织手段，它使人们能够通过协作，从过去形成的习惯和俗见的束缚中解放出来。因为科学的态度与方法不是揭示先验的实在，并通过逻辑分析推演出真理，而是以实验的公开性与实验结果的信息公开为基础，内涵有公共性。这种科学态度意味着"每一个发现都属于研究者的共同体"，"每一个新的观念和理论都必须交给共同体去验证"。③ 所以，真理正如皮尔士所说，"唯有那种最终能被所有的探究者同意的意见，才是我们所说的真理辩"。④ 因为在协作探索、互动讨论的基础上，"事物"不再是古典思想家按照思辨的模型创造的一个宇宙，也不是近代思想家按照个人的自言自语所组成的自然界，而是在话语"推—拉的平面"交流中，重新调整、重新排列与重新组合，从而使原始状态中的"纯朴物质"获得了新的意义与价值。诚如杜威所说：事物的"意义，在语言中作为意蕴而被固定下来以后，就可以在想象中被管理着、操纵着、实验着。正像我们公然操纵事物，进行新的划分，从事新的结合，从而把事物介绍到新的关联和环境中一样，同样，我们在言语中把许多逻辑

---

① 詹姆斯·坎贝尔：《理解杜威——自然与协作的智慧》，北京大学出版社 2010 年版，第 107 页。

② 同上书，第 186 页。

③ 同上书，第 99 页。

④ 同上书，第 66 页。

的共相联系起来，在这儿构成和产生新的意义。"① 那么，在相互沟通、交互作用中获得了新的意义的事物，"因而也就有了代表、代理、记号和涵意，而后者较之在原始状态中的事情就更加无限量地服从于人类的管理，更加持久和更加适用了"。② 所以，认识的过程不是谈论事物，或单纯的显现事物，而是在活动与反省、行动与制造的"艺术"创造过程中，包容、整合不同视角，变形自己的经验。在这里，杜威的理论或许不能成立，但它至少是试图去正面探讨问题。科学的思维改变世界，因为经验、观念既是关于事物的行动设计，也体现了与他人交错参照的共同预期。因而在符号所指导的行动过程中，不仅存在的材料在某一点上真正地被改变，而且存在的问题也在客观上被解决了。对此，胡克认为："他的理论说明了问题的存在，说明了交流的事实和掌握、控制题材的实际胜利，而不把它们神秘化。"③

总之，杜威的"行动—再调整回路模型"，实质上是将认知理解为一种以交往为特征的动态学习过程。这个过程强调的是互动交往的认知论优先于对一个客观存在事实描述的认识论，使"有机体的主动性"、互动性的实践对话模型取代了独立性、被动性的符合实际的因果模型。这种从因果模型到对话模型的转变，意味着告别了从洛克心灵白板说那里延续下来的被动反应的机械论模型，摆脱了反射弧理论所蕴含的身心二分法，以及认知过程中有机体与环境之间的各个分离过程的机械式联结。应该说，与那种把主体、观察和反思从客体、参与和直接经验中剥离出来的传统的、"作为旁观者的知识论"不同，新的认识模型赋予思想一种积极的功能，即对事物的现存状态进行重构而不只是认识它，因为它不仅通过看和写，而且通过倾听和谈论的方式，在有他人参与的交往实践的互动世界中构建意义，生成心灵。在这个意义上，杜威的"行动—再调整回路模型"，既是对传统哲学的批判与超越，也是一种理性的重新建构，彰显出实用主义的方法是放弃与主体行动相隔绝的抽象的理论研究，避免包括本质主义在内的

---

① 杜威：《经验与自然》，商务印书馆1960年版，第157页。
② 同上书，第135页。
③ 洪谦主编：《西方现代资产阶级哲学论著选辑》，商务印书馆1982年版，第209页。

一切封闭的研究纲领，挑战占统治地位的非生产性的、再现性的元叙事，通过在本质层面上反省自我的批判性实践，鼓励创新性的新的行为习惯的形成，从而发展理智的经验统一体。因此，认知主体本质上不仅是主动的，而且也是社会性的。

二　民主想象力与社会交往

"行动——再调整回路模型"是杜威民主交往理论的认识论基础，它以交往为基础的探寻—评估的动态认知过程，孕育了民主社会据以建立的那种"社会理智"。在民主社会中，社会想象力的运用与培育、人际间的语言交流所营造出来的相互关爱的普遍氛围成为民主社会的固有品质。

民主理论首先是一种文明理论，而非仅仅是一种政治理论。对杜威来说，一种民主文化的生成与存在，首先需要的不是启蒙主义理性的单维度的、超时间的"上帝的目光"，而是能够包容各种视角的"社会理智"。"社会理智"的独特品性在于它具有一种运用社会想象力的能力。正如两只眼睛略有出入的视角能够赋予对象以景深的立体感一样，一个共同体要使自身的文化世界获得方向和深度，也需要一种由相互毗邻、相互交流的各种视角融汇而成的多元性。如果没有社会想象力，那么，主体间的相互理解、不同视角间的相互融合便是不可能的；如果没有一种孕育和应用社会想象力的民主文化，那么，任何一种正式的政治程序也会流于无效。因此，社会想象力既是每个个体参与社会，并在社会交流中实现自我的基本能力，同时也是社会共同体、民主文化借以形成的基本条件。

社会想象力不是从与语境无关的抽象的普遍人性出发来理解他人视角的能力，而是从个人语境出发，以具体的情感方式和认知方式来理解他人的生活与价值的能力。在这个意义上，社会想象力既是一种先验的理解结构，同时也预设了一种相互支持、相互关爱的民主语境。民主的语境内蕴着对他者的宽容。宽容作为一种冷漠的艺术，并不是那种"善解人意地不在乎的态度"，而是"肯定反思和探究的积极意愿"。诚如杜威所说："积极的宽容意味着对别人的理智与个性抱有同情的尊重，即使他们所持的观点与我们相反。"① 因此，它不仅许可与尊重个体偏好和信念的广泛发展，而且坚信质疑与辩难能够确证真正的道义，以修正或摒弃从习惯中因循下来的东西。基于这样一种对他人的同情的想象与宽容，每个人在与他人的社会交往中，一开始便会尽可能正确地把自身投射到对方的角色中，不仅考虑到对方此刻是什么人，而且考虑到对方如何发展和成长。在这样一种关爱的语境中，人与人之间便会展现出从不同观点、立场出发，积极负责地进行对话，从而使得彼我之间的所作所为相互反应、价值观念相互导向，直至形成"一种关于社会生活的意识"。在这样一种社会生活意识的氛围中，"个人就会逐渐通过生活中的习染而具备责任意识"，"责任就会变成自觉主动的意识，知道事情既然是自己的，它的结果也源于我们自身"。② 随着责任意识与良知的彰显，每个人都将有能力来评价自己的行为："我们能够通过语言和想象来真切地重现他人的反应。我们预知他人将怎样行为，而这种预知就是灌注在行动中的判断的开端，我们正是通过（with）这些预知而进行认知；良心也在其中起作用。好像我们的内心有一个议会正在对我们的所作所为进行评判。外在的社会性变成了一个内在的论坛或法庭，一个起诉、裁断与辩护的所在。"③ 由此可见，社会想象力就其本质而言是充满怜爱和社会性的。人们"通过行动展现出来的人类关系的同情的想象"，不仅能够使人在彼我的相互宽容、相互尊重的交谈中，解决彼我之间的异见与冲突，成功地协调、整合各式各样的价值观念，构建一个相互理解、相互肯认的稳定视域。更为重要的是每个人在彼我的交谈中，觉知到自己的责任，通过想象来真切地重现他人的反应，更新自己的理念，以便使表达更具意义，从而成为既能提供引导又能接受引导的人。

因此，在交往的入口，杜威既与罗尔斯从"无知之幕"后面的孤独理性主体的自明视角出发，来观察民主理性不同，也与哈贝马斯从一个非历史的超验视角的批判出发，来设想建立语言交流的理想条件

---

① 詹姆斯·坎贝尔：《理解杜威——自然与协作的智慧》，北京大学出版社2010年版，第114—115页。
② 同上书，第108页。
③ 同上书，第108—109页。

不同，他不仅揭示了想象力的作用，以及关爱语境作为社会交往的重要性，而且将语言交流视为学与教的过程。在杜威看来，语言交流本身不仅内含着在共同行动内部必然存在不同视角，而且不同主体间的交流过程也是一种互动学习与教育的过程。如果翻阅杜威所作《民主与教育》的篇头，就会发现他对交流实践给予了深切的关注与讨论。杜威认为社会生活同时就是交流，而交流本身也是教育性的。因为交流本身就意味着一个人能够理智地把自身的经验传达给对方，同时又富有想象力地吸收与分享对方的经验，以扩展、改变自己的经验。所以，教育的全部问题不仅是通向一种富于想象力的理智交流方式，而且凭借这种交流方式，也是传播一种文化的价值与意义的必要初始阶段。"杜威说，教育性的交流对于任何社会而言都是最基本的需要，因为我们每个人都会死。如果不能通过某种确定的方式传承文化，那么，每一代人都不得不依赖自身获取全部的技艺。实际上，任何一个共同体为了运转和生存，都必须至少在某种程度上依赖这些技艺。于是，在某种强的意义上，对文明乃至对教育的需要是人类的生物性的内在特征：文明和教育是人类生存之必需。人类婴儿的无助显示了对于一个组织化的交流性的群体的需要，否则，婴儿得不到养育。正是在这种意义上，我们说，我们是文化的存在物，就最根本的意义而言，我们是学习者而非知道者。"① 所以，他主张人类作为文化的动物，从其幼年始，就应当学会通过想象力去体会新的、不同的视角，确切地说，就应当在教育这样一种传授——汲取的关爱语境中，通过符号的运用与交流，既学会通过想象力去体会他者的视角，感受他者肉体的，或精神的需求，同时也获得与日俱增的参与意识和接受那些维系人类生存的价值观，从而不仅要逐渐成长为文化的符号世界中的交流者，而且也成为关爱的提供者和教育者。依据这样一种人类生物学的事实，共同体的一个基本品性就在于培养和教育幼体，使他们融入文化，从而作为文化的学习者塑造自己的身份，并且拥有这个身份。这样，一

① Lenore Langsdorf, Andrew R. Smith, *Recovering Pragmatism's Voice - The Classical Tradition, Rorty, and the Philosophy of Communication*, State University of New York Press, 1995, pp. 149 - 150.

方面，对教师而言，他们要谨防自己对学生漠不关心，甚或憎恶鄙夷，而是必须有能力理解学生所具有的特性与能力，以某种方式与学生合作，使学生掌握协作和交流的新方法，从而获得新信息以拓展经验。另一方面，基于有机体具有对环境特征做出反应并形成习惯的自然能力，通过那些已经在群体文化中接受了教育，并已进入了交流世界的人们及其相互作用，设定某种环境，以此激发一个群体的年轻成员某些看得见、摸得着的行为方式，使其在社会生活的交流与教育中，逐步成为联合行动中的参与者和分享者。这样，一旦他被群体的情感态度所占有，那么，他将敏感地认识到群体所设定的目标以及通达目标的方法，从而以集体的成功为自己的成功，以集体的失败为自己的失败。总之，对杜威来说，只有通过社会生活，才能培育共同体成员在相互理解对方的信念、需求、欲望、情感、传统和身份的基础上应用社会想象力的民主文化。一个社会正是凭借教育才能结成民主共同体。

社会想象力孕育了社会据以建立的那种交往。交往"推—拉的平面"在于构建一种民主共同体。在杜威看来，"社会交往和制度曾被当作是一个自足的个人所具有的一种现成的特别的生理上或心理上的禀赋所产生的结果，而语言却只是扮演着一个机械地传送原先业已独立存在的观察结果和观念的通讯员的角色。因此，言语就被当作是一种在实践中的便利，而没有根本的在理智上的重要意义。……语言'表达'思想，正像水管传导自来水一样，而且如果把它跟一个造酒的压榨机'压出'葡萄汁来对比一下，它甚至还只有更少的转变事物的作用。在创建反省、预见和回忆的过程中，记号的职能被忽略了。结果，观念的发生变成了跟物理的发生平行的一个神秘的赋加物，既无共同之点，彼此之间也没有沟通的桥梁"。[①] 实际上，一种民主体制是这样一种共同体，它的生成与存在必须以交流为前提，也就是说，它既不是由罗尔斯自私的理性个体实现的所谓公平，也不是由哈贝马斯某种先验的绝对真理奠定的语境，而是由语境化的、进行中的活动——在这种语言交流活动中，人们参与到这些目标或理想之中，而这些目标和理想引导、控制了他们行为方式——所实现的。在这里，

———————————

① 杜威：《经验与自然》，商务印书馆1960年版，第137—138页。

语言的交流模式同洛克肇始的启蒙主义交往模式不同。就后者而言，交流只是反映了一组约定俗成的通用符号，这些符号存在于一个特定模式中。"这种交流模式把交往理解为说话者心中的观念模式，借由符号的中介传达到听话者的心中的过程，作为中介的符号是人为选择的、任意的、中性的，以习俗性的共识为基础。这种交往模式立足于每个人的交往经验中完全派生的、局限的、相当晚的阶段"。① 在杜威看来，语言交流既不是一个由感觉、影像和情操构成的与空间、物质存在相分隔的私人世界，因而首先要对观念进行正确的分析，发现构成观念的成分，认识诸成分所遵循的规律，然后再把观念和观念的关系尽量如实地表述为语句的机械程序，也不是由两个已经具备了理性、获得了语言能力，并拥有了文化的人，凭借心中观念的相似结构以达成的共识。换言之，人类并非首先单独地探索语言而后达成共识，如果他们之间建立了共识，则在于他们已经开始交流了。交流的过程是动态的、变化的、创造性的，允许新的经验和意义的生成，那么，由之所生成的理智世界就是以家族相似的方式，而非以数学的公式构造的；同样，由之所构建起来的民主共同体，也是理智合作的真实结果，而非巧合或机械的一致性。

确切地说，个人之所以能够结成共同体，不是凭借单纯的物理位置上的接近，甚至不是出于一个共同的目标。因为为实现一个共同目标而形成的共同体有可能只是自动地实现，就如同机器的各个部件可以协同运作，而无须涉及对一个共同目标的明确的意识指导一样。民主共同体的生成是基于这样一个事实，即每个人都富有想象力地参与到他者的世界之中。他者不能被视为一个冷冰冰的对象，而应被视为一个可以参与实现一个共同目标而工作的人。这样，每个人不仅通过把自身投射到他人的位置上，了解他人知道什么，以及将要知道什么，并以某种方式把自己的目的和进展告诉他人，那么，当他人也同样这样做时，交流以及由之所建构的民主共同体便出现了。民主共同体不

① Lenore Langsdorf, Andrew R. Smith, *Recovering Pragmatism's Voice – The Classical Tradition, Rorty, and the Philosophy of Communication*, State University of New York Press, 1995, pp. 136.

是自言自语的结果，它的兴起、存在和发展都发生在交流的过程之中。正如杜威反复强调的那样，"社会不仅凭借传播和交流而延续；我们完全可以说，社会就是存在于传播和交流之中。在共同的言语、共同体和交流之中，存在着一些言语纽带之外的东西。凭借着人们共同拥有之物，人们才能生活于共同体之中；而交流就是人们拥有这些共同之物的方式"。① 简言之，交流的基础必须存在，共同体生成于交流。

　　交流不只是对话，或简单地传递信息，它更为丰富和广阔的含义在于通过协作行动，共享经验，使每个成员融入文化，拥有共同的目标、信念、热望和知识。交流也是一种艺术，它帮助共同体的成员发展出一种能够包容各种视角的民主想象能力，这种能力孕育出一种具有审美力量的集体理想。这种集体理想以审美的方式，而非单纯的认知方式把共同体成员的各种视角、各类活动整合进一个连续的、方向日渐明确的经验之中，发展出一种可靠的价值体系，建构起一个共同目标。依据行为的共同目标，以组织和吸引共同体成员的欲望，来引导、诠释、调节和评估各参与者的特定行为，从而确保共同体成员之间的情感与理智交流，使他们的生活沉浸在丰富的意义和价值的美学意蕴之中。当然，交流并不是不加批判、不加区别地接受一切观点或议程，而是必须从纵横交错、多元的不同话语语境出发，彼此倾听，建设性地批判、创造性地寻求整合，以"我们"的名义言说。以"我们"的名义言说并不意味着存在一个非历史性的、超越语境的、超越个人的普遍理性，而我们只不过是所谓普遍理性的传声筒。相反，"我们"的出发点恰恰建基于彼我的交流过程中。在交流过程中，自我并不是迷失在匿名的"他们"（或者德语的"Das Man"）之中，而是作为一个处于共同事业中的独立的个体参与者，在努力吸纳他者观点的过程中，获得了自我批判、自我发展的机会。所以，批判展现在共同参与的交流活动中。只有当批判呈现在一种非敌意的、刚愎自用的相互关爱的语境中时，批判才是最有效的。"通过这种批判性地训

---

① Lenore Langsdorf, Andrew R. Smith, *Recovering Pragmatism's Voice – The Classical Tradition, Rorty, and the Philosophy of Communication*, State University of New York Press, 1995, pp. 150.

练出来的理智的运用，不仅会富有想象力地生成理想，新的理想也会被发现。这是因为，民主的想象力为了繁盛，必须深刻地把握历史传统，凭借历史传统，人们把自己认同为群体的成员。这要求一个关于人类存在的美学学科——一些不得不接受的符号世界，人类试图过一种充满意义和价值的生活的企图可以在这些符号世界中实现。这就是为什么人文和艺术同科学一样是民主教育的至关重要的成分——它们不仅为理解他人提供了语境方法，而且唤起了我们的想象力，使我们可以在想象中成为他人（哪怕是暂时的）。当这个过程成为交互性的，交流就成为可能的，尊重、理解——也许还有爱——就成为可能的"。① 总之，对杜威而言，交流并不是要造就出一大群没有自己真实趣味与生命的傀儡，而是主张努力发展那种在天性上本来具有社会性的自我。民主的理想在于"每个人都会有机会展开、表达和实现他独特的能力，从而将增进共享的价值宝藏"。② 所以，民主制的理想状态应该是：一方面，应用社会才智，最大化地实现每个社会成员的潜能，使社会成员的生活充满深刻的内在意义和内在价值。另一方面，在相互理解、相互作用中，辩证并校正现行制度化的弊病，合力推进社会的共同利益，使生活的目的更充分。

"民主不是一种政治形式，而是一种个人的生活方式。"③ 这种生活方式就是使每个社会成员可以获得最好的共通办法，即相互了解、共同活动、差异中培养和谐，从而政府、工商业、艺术、宗教，一切社会制度只有一个意义、一个目的。这个目的就是：不分种族、性别、阶级或经验地位，使每个人能够尽量地充分发挥自己的能力，共享"民主的生长性"。易言之，社会生活孕育了社会性的自我。在社会性的自我发展过程中，除了需要连绵不断的教育外，运用语言的能力与自我发展之间也密切相关。应用符号不仅使彼我之间有意义的交流，

---

① Lenore Langsdorf, Andrew R. Smith, *Recovering Pragmatism's Voice – The Classical Tradition*, *Rorty*, *and the Philosophy of Communication*, State University of New York Press, 1995, pp. 154.

② 詹姆斯·坎贝尔：《理解杜威——自然与协作的智慧》，北京大学出版社 2010 年版，第 246 页。

③ 洪谦主编：《西方现代资产阶级哲学论著选辑》，商务印书馆 1982 年版，第 218 页。

而且通过交流可以逐渐发展自我意识，理智地体验自我，以对自身进行阐释，把当下的意义赋予一个关于过去和可以预期的未来的一致叙事，使自我成为一个有意义的过程。正如托马斯·M. 亚历山大（Thomas M. Alexander）在《约翰·杜威与民主想象力之根》一文中所说的那样："通过交流，这种行动体验本身作为一种发展的、历时性的、导向性的、容括过去、现在与未来的结构浮现出来，并且以符号形式表达。通过历时性建立的对符号的共同发现揭示了拥有一个自我、拥有一种生活——这种生活在时间中发展，它具有意义，这种意义不是在关于事态的命题态度中辨识出来的意义，而是叙事性的意义——的可能性。我们有能力讲述我们家庭、父母和童年的故事，有能力讲述我们所做出的决定和我们所面临的考验，有能力讲述类似的可以相互理解的故事——我们通过这种方式理解自身。"① 换言之，"自我并非像古老的洛克模型所设想的那样——作为一个自我支撑的原子个体，通过可以用理性把握的普遍规律、偶然地、外在地与相似的个体相互联系——出现的。"② 对杜威而言，在理解人性时持有这样的信念：我们是一种社会性的动物，个体的生命不能局限于肉体现象来理解。人类是一种社会性的动物，它不仅具有一种协调的连续性，使人类能够通过重构境遇来弥合日常生活中暂时的裂隙，更为重要的是，人类的自我意识和自我实现都建立在共同参与的基础上。所以，他强调"联系和结合意义上的关联，是任何事物存在的'法则'"；强调个体生来就与"他人相依赖"。他甚至认为个体如若没有他人精心的照顾和持续的关怀，就会"悲惨地死掉"。所以，他更关注社会性的个人是如何在当下的社会处境中产生的，而不是关注人类作为一种具有个性的生物是如何产生的。为此，他坚持必须以某种方式解释一个单独的有机体如何实现从社会视角出发审视自身，如何实现与他者的交流的。根据上述观点，它的逻辑结论自然是：自我是应用符号的结果。应用符号就意味着参与他人，这种参与使得自我实现具有了一种意义。

① Lenore Langsdorf, Andrew R. Smith, *Recovering Pragmatism's Voice - The Classical Tradition, Rorty, and the Philosophy of Communication*, State University of New York Press, 1995, pp. 146.

② Ibid. , p. 146.

"一个个人的生活之所以具有其意义，是因为这个生活存在于一个世界、一个环境之中。世界即一个文化的诸成员所共享的那些符号系统。那些符号系统包括在一种文化内部进行指示和意谓的方式以及价值评判的模式，这些方式和模式是文化成员可以相互理解的。当这种追求一种有意义的、富于价值的存在的自我概念变成有意识的清楚表达时，自我概念就成为文明化的概念，而这种文明化的概念本身就成为指导社会行动的理念。文明化的目标就在于确保那些使得真正的人类共同体得以繁盛的条件"。① 因此，拥有一个自我，也就拥有了一个历史、一个未来、一种文化、一种语言、一个神话。简言之，就是拥有了一个世界。

总之，杜威的民主交往理论表现了对社会想象力与语言交流的关切。这种关切将想象力与"社会理智"、将语言与实际的"行"与"做"作为一个整体来思考，并使内在于这个整体中的一切与人类事务相关的相与相度获得展开。交流是社会的基础，在交流的核心之处我们发现了社会想象力、教育、关爱、艺术化的表达等主题，社会想象力、语言交流既生成了心灵（教育），孕育了自我，也构建了民主共同体。

三 自然与协作的智慧

杜威的民主交往理论既是理论性的，更是实践性的。作为一种民主交往理论，它的旨趣是探讨如何创造、拓展一种民主生活。在探讨中，它秉承了传统实用主义的基本精神特质，即对实践的重视与关切，以实践形态构建理论本身。

民主交往理论对实践的关切，具体地表现为对语言交流的关切。这种关切所展现出来的将语言交流理解为创新性的，而非再现性的过程。在这个过程中，事物与语言、心灵与交往、民主与社会结合起来，形成了实用主义的基本论点：对象的意义、理性的意蕴与民主生活生成于人际间的话语交流，人类的自我以及探寻的目标生成并发展于特

---

① Lenore Langsdorf, Andrew R. Smith, *Recovering Pragmatism's Voice – The Classical Tradition, Rorty, and the Philosophy of Communication*, State University of New York Press, 1995, pp. 147.

定的经验之中。所以，语言交流在杜威的哲学中所处的位值及其所产生的结果，既区别于西方传统哲学，也区别于当代语言哲学。

西方哲学虽然自希腊哲学家起，就觉察到了语言（谈论），并曾正确地将语言与心灵等同起来，但是，言语因而心灵，却被理解成为超自然的存在。语言的结构被当作事物的结构，当作事物所具有的原始的和独立的形式，并内在地调节着事物变易的过程，而未曾把语言当作事物在社会的合作与交换的境遇中所势必接受的各种形式，未曾意识到事物、心灵是在语言的交流与互助的一致行动中所产生的后果。"他们忽视了这个事实：即作为思想对象的意义之所以配称为完备的和最后的，仅仅是因为它们是由一个复杂的历史造成的一个幸运的后果，而并非原来如此的。"结果"他们把一种社会艺术品当作是独立存在于人类之外的自然"。① 逻辑（Logic）被认为是建筑在超越了人类行为和关系之上的原始的"有"（Being），造成了物理的和理性的东西的分隔，现实的和理想的东西分隔。"因此，原是人类的一个最大的简单发现，使人类有可能占有条理和获得解放，但是这样一个发现却变成了一个人为的自然物理学的根源，变成了把宇宙当作是按照语言的模型构成的具体文法条理的这样一种科学、哲学和神学的根据"。② 并由此形成了一种控制着整个物理学和欧洲全部哲学的形而上学传统。

与古典思想家们不同，现代思想家对我思的关注，使之将语言变成了一个与物理世界相分离的纯个人的私人世界。这种转变意味着个人不再是自然的一种特性，如同一个物件一样被安排在自然体系的货架上。它意味着个人在自己的世界中能够掌控自己的所有事情，表征着对人类个性的认可与尊重。然而，现代思想家虽然发现并确定了我思，将人从古典的经验体系的逻各斯框架中解放了出来，使理性主体得到了肯认与尊重。但是，现代思想家"由于不承认这个内在经验世界依赖于语言的扩展，而语言是一种社会的产物和社会的活动，在现代思想中便产生了主观主义的、唯我主义的、自我中心主义的趋向。

---

① 杜威：《经验与自然》，商务印书馆 1960 年版，第 139 页。

② 同上书，第 140 页。

如果说古典思想家按照思辨的模型创造了一个宇宙，给予理性上的特性以组合和调节的能力，那么现代思想家们便是按照个人自言自语的方式组成了自然界"。① 因此，无论是由古人发现的理性的语言和逻辑，抑或是由现代人发现的"内在"的经验，他们共同之处是忽视了语言是人类交往的自然功能。这种忽视所形成的结果是：无论是由语言组成的外在自然，抑或是内在自然，其哲学取向自柏拉图始，就是鄙视特殊性，认为特殊性被淹没在暂时性、流变性之中，因而远离多，远离特殊的东西，远离被情境限定的东西，攀登一个抽象的阶梯，追求普遍的、永久的或理念的超验性，则是西方传统哲学的价值取向。

这种哲学取向一直延续到当代哲学的语言学转向。语言学转向虽然规避了那些内在于本体论、认识论中的传统问题，使哲学的研讨视角从事物转向了语言。但是，就了解什么是存在、什么是善，以及什么认知方法可以引导我们了解事物是怎么样的、什么是善的，语言哲学本身既无力提供任何令人信服的实践论证，也没有实现任何实质性的进展。因为当代语言哲学家，尤其是那些以形式，或理想语言为研究对象的语言哲学家，他们所关注的只是语言，却忽视了语言的交流，忽视了他们自身作为语言的使用者，或作为他们所研究的问题的表述者对这个语言交流过程的涉入，而只是把语言设定为一个独立于哲学家的"行"与"做"的理论的分析对象。因此，这种理论不关心把僵化的理论论域与实际的交流实践联系起来，只是将研究的目标圈定在一个狭窄的非言语领域。

如果说当代语言哲学家注重的是在抽象的形式中对语言进行形式化、理论化的研究，那么，杜威关注的则是语言的交流。在他看来，语言或言词如同钱币一样，是体现着各种关系的"代替品、代表物和代理者"，也是人类进行交往与协作行动的一种手段。自然界中的一切事物由它而被牵连到人类的事务中并具有了新的意义与新的特性；人际间的交互关系以及每个人的独特性、社会性，在言语"沟通"的"情境"中生成、改变和受到调节。所以，他坚信语言的要点，"它就是沟通；它是在一种许多伙伴参加的活动中所建立起来的协同合作，

---

① 杜威：《经验与自然》，商务印书馆 1960 年版，第 140—141 页。

而在这个活动之中每一个参加者的活动都由于参与其中而有了改变和受到了调节"。① 所以，他将对象、心灵与社会等一切与人类事务相关的不确定性，都纳入语言交流的过程中来给予思考。他的所谓话语的"推—拉的平面"，将善、存在、知道、行动、制造统合在以交往为特征的动态的认知过程中，不仅跨越了知、行分离的传统认知哲学的栅栏，从而避免了在抽象的形式中对善、存在与认知的理论化，而且也表现了与当代语言哲学不同的研究旨趣，即它不是纯粹的理论兴趣，而是改良的兴趣。如同基于"行动—再调整回路模型"所铺展出来的那样，想象力的培育、关爱的语境，特别是教育，除了将"内在实践"与"原初的纯粹事件"相结合外，更重要的是在这个光谱的两段都呈现出他所谓的"交谈的需要"，并在这个"交谈的需要"中，创造、拓展一种民主生活。在这个意义上，杜威的理论探寻既不是追求语言对"存在"或事物的精确描述，也不是限囿在对语言的形式化、理论化研究中，而是在对语言交流的实际关切中，揭示影响主体、心灵生成、保持与深化的构成要件与功能，以说明人与人之间的多元视角何以能够成功地达成协调与共识。在此，语言交往则是与他者沟通、影响公众能力、树立与实现共同目标的最佳方法。

　　总之，杜威对语言交流的兴趣远胜于对语言的兴趣。他通过语言交流所显示出的行动结构，揭示了生成心灵、改造社会生活的交往功能。语言交流内在于个人的和社会的进化中，而杜威对这种进化的探寻所表现出来的独特性，既表现了实用主义以实践构建理论的共同取向与传统，也展示了一种在话语交流的互动维面中理解自我与心灵、经验与自然、民主与社会的哲学诉求。尽管这种哲学诉求的实践性与可行性遭到了批评与质疑，甚至被称作"一系列天方夜谭似的景象"，因而是一种听起来理想，做起来却行不通的理论。然而，"他强调我们生活在群体中，强调我们通过协作性的努力才最有可能获得成功，以及通过参与社会性的过程我们才能获得最有深度的满足，这些都提

---

① 杜威：《经验与自然》，商务印书馆1960年版，第145页。

醒我们要认识到一种充满希望的未来取决于社会的民主"。① 所以，对杜威来说，放弃重建民主社会的努力是愚蠢的，因为"'一种哲学性的信念作为一种行动的倾向，唯有在实践中才能加以试验和检验'，并且如果应验的话，它会在'未来'实现"。② 所以，莫里斯·柯亨说："杜威把黄金时代放在未来而不是过去。这种希望令人鼓舞，并且也无法推翻。"尽管那些虔敬地参拜过这个人类希望墓园的哲学家可能会对这种希望摇头，但是，杜威依然是"那种以其深刻的简单打动这个世界的哲学家"。③

第四节　米德的"符号互动论"

米德是与皮尔士、詹姆士、杜威并重的实用主义者，在对理智、语言与交往行动的研究中，他的哲学探索与他们的哲学观点具有相近的精神气质，都体现了实用主义关注经验与过程、自我与交流、理论与实践之间内在关联的基本精神特征。不过，在何种领域、以何种问题来体现这种哲学转向，并由此展开哲学探索，又显示了米德是一位具有"一流的原创性头脑"的哲学家。米德在社会心理学的领域，基于社会行为主义的基本立场，从进化的观点出发，精细地描述了心灵、自我在社会背景中的生成与发展；揭示了有机体与环境、"主我"与"客我"、个体与社会之间的相互作用关系，体现了他对改造社会生活的语言交往功能的关注。

一　"心灵是交流的产物"

"心灵是交流的产物"，可谓米德与杜威相互商讨、相互补充的产物。虽然杜威在 19 世纪末的著作中就间接地论及这个主题，但明确地处理这个问题则表现在他的《经验与自然》（1929）一书之中。继其之后，米德在以《心灵、自我与社会》（1935）为名结集的一系列有

---

① 詹姆斯·坎贝尔：《理解杜威——自然与协作的智慧》，北京大学出版社 2010 年版，第 263 页。

② 同上书，第 246 页。

③ 同上书，第 247 页。

关社会心理学的演讲中，对人的智能与心灵、社会自我和符号姿态理论，做出了"最精致的描述"与发展。在该书中，米德基于经验自然主义的基本原则，以进化论为依托，运用实验方法，凭借"突现"概念，扣开了"人的内部经验的大门。"

米德与皮尔士、杜威的实用主义的共同论点是：人类的自我和探寻的目标生成于一种特定的经验之中，只不过米德的经验主义更凸显了生物学的特色与社会交往的观点。在他那里，由接受生物进化论而生成的"经验"，被解释为活生生的有机体与其他世界之间交互作用的概念。这便使得进入米德理智世界的自然通道，既跨越了中古时期理性的、灵魂的彼岸，也避免了重蹈笛卡尔超验之路所导致的意识与对象、经验与自然、理论与实践相对峙的二元困境。米德宣称，他所主张的哲学，反对"古代哲学的……理性的彼岸性，基督教教义的……灵魂的彼岸性，文艺复兴二元论的……心灵的彼岸性"。[1] 在米德看来，世界，或科学所表达的世界，根源于人的感觉与经验观察。在世界之中，对象与观察者本人具有同样直接的可及性。因为有思考能力的人处于自然之中，他所经验到的世界是一个自然事件的王国，是通过有机体的感受性而出现的，从而经验对象的性质同一个进行条件作用的有机体密切相关。"这一论点意味着，与环境相联系的有机体以及在某种意义上由有机体的感受性选择决定的环境。有机体的感受性决定了它的环境将是什么，在那个意义上我们可以说一个生物决定它的环境"。[2] 换句话说，对象的性质与环境是通过我们所见、所感和观察而认为存在的那些东西。这种以意识、对象尚未分离，或者说有机体与环境相互作用为起始点的认识路线，旨在说明意识或智能并不是由外部加给动物的一种孤立的实体，而是一种机能。它既表征着有机体与环境相互作用，是在发展进化途中"突现"的结果，同时，意识或智能作为人类有机体的一种活动，他又与其置身于所属的社会群体之中的他者交互影响并采取他者的态度。所以，虽然米德认为经验世界的特性是追求表达的各种冲动作用的结果，但是，他并没有把

---

[1]　乔治·H. 米德：《心灵、自我与社会》，上海译文出版社 1992 年版，第 5 页。
[2]　同上书，第 286 页。

经验或经验世界归结为神经和肌肉的运动，并仅仅看作是心理的或个体的，而是从社会动作着手，即从自我的有机体是和其他人同在一个给定的领域内出发，把经验或经验世界看作是由不同的观察者观察到的同样真实的东西构成的，且用符号系统阐述的"社会经验的世界"。易言之，经验是从社会对象派生出来的，并具有社会性。

人的经验具有社会性，所以，人的经验或意识应该依据人的社会行为背景来考察。可以说，当米德从社会行为来说明经验时，他与美国行为主义心理学家约翰·华生有一致的地方，即反对根据人的意识来解释人的行为，而主张根据人的行为来解释人的意识，因而心理学应当研究行为的来龙去脉，而不是研究独立存在的心灵。但是，他同华生相区别的是，在研究行为时，既要考虑动作的社会性，又不忽视心灵与意识，意识是人的经验的内在方面。毋庸置疑，米德本人的立场是行为主义的，但这是一种"社会行为主义"，而不是一种个体主义的内在的行为主义。所以，他与一般行为主义的最大歧异在于，区别社会行为与个体对物理环境的反应，强调人与其他动物的不同之处在于人能有意识地组织经验；强调刺激与反应的相关性，但意识或经验并不是个别特殊刺激和反应的累加，而是不断发展中的社会行动的组成部分；强调人类行为和目的在经验、知识和意义中的重要性，并按照行动来研究经验。他认为全部生活都涉及行动，行动是自然而然出现并依照目标组织起来的，这些目标在不断的调整再调整的过程中自生自变。所以，把"经验"解释为有机体与环境、个体与社会的相互作用的概念，并从较为广泛的社会交往背景出发来理解意识与经验，是贯穿米德的社会心理学中的基本精神。诚如莫里斯所说："这种理论意味着，不单是人类有机体，而且心灵的整个生活，都必须在进化发展的范围内予以解释，分有其变化特性，并且在有机体与环境的相互作用中产生，心灵必须在行动中出现，可能还必须在行动中保留。必须把社会设想为复杂的生物实体并使它与进化的范畴相符。后达尔文主义思潮使生物学、心理学和社会学的各种术语变得显要起来，用它们重新解释心灵和智能的概念，并从这一新的观点出发重新考虑哲学的问题和任务，已成为实用主义的哲学任务。"①

　　米德的经验主义既是专为生物学设计的经验主义，也是一种后达尔文主义哲学。如果说"经验"是有机体与其他世界之间交互作用的概念，那么，它所引起的一个重要哲学问题便是：人类的心灵与自我如何在进化论立场中得到解释。实际上，在米德之前的社会心理学领域内，人们一般把心灵及自我的实存看作是社会过程发生的先决条件，几乎无人对心灵及自我的生成机制作出分析与阐述。米德的贡献在于：他以科学的探究方式，"在社会动作的范围内看待个体动作；在生物学基础上把心理学和社会学统一起来；把社会心理学建立在社会行为主义的基础上"②，成功地分析阐述了语言的机制。借助于这一机制，揭示了人作为生物有机体如何从行为中获得自我意识能力、思考能力、抽象推理能力、有目的的行为能力，以及道德信仰能力等问题。简言之，揭示了人这种理性的动物是如何完整地出现的。在米德的精细论证中，他既接受了冯特有关生物体行动的早期阶段的"姿态会话"观点，也赞同詹姆士有关心理学的功能倾向的观点。但是，他既反对冯特把心灵作为交流和社会经验的先决条件，也不赞同詹姆士的心理学开始并结束于个体的观点。在这些问题上，米德与杜威可谓同声相契。他们既强调个体发展、心灵生成所基于的社会背景，选择通过"社会的视角"来观察个体有机体的探究路径；也强调交流生成心灵的形成次序；同时，在对语言交流的研究中，表现出了共同的研究旨趣，即对交流的兴趣远胜于对语言本身的研究，以及对改造社会生活的交往功能的关心远胜于对语言显示的行动结构的关注。正因为二者之间有如此种种的相同性，所以，莫里斯在为米德的《心灵、自我与社会》一书所撰写的导言中这样评价道："米德和杜威的工作在许多方面互相补充，而且就我所知，从未有过重大分歧。……他们之间的关系是相互学习的关系；依我看，两个人虽有不同特点，但在智力上不相上下；他们凭借各自的独特天才，在交换意见中相得益彰。如果说杜威提供了范围和远见，米德则提供了分析的深度和科学的精确性。如果

───────────

　　① 乔治·H. 米德：《心灵、自我与社会》，上海译文出版社1992年版，第4—5页。
　　② 同上书，第10页。

说杜威既是当代实用主义车轮的滚动轮辋，又是其辐射状的轮辐，米德则是轮毂。虽然计算里程的话，轮辋走的距离最远，但是按直线距离它不可能比轮毂走得更远。"①

米德的分析论述是从一个客观的社会过程开始，即以合作群体为逻辑起点，借助于语言这个媒介，将心灵、自我与社会的概念分析形成了一个完整的逻辑体系。在这个体系的展开过程中，生物个体转变为具有心灵的有机体，形成具有自我意识的人格，语言的"突现"，以及动作的符号性与互动性发挥了至关重要的作用，而语言，则是以某种类型的社会和某种类型的有机体的生理能力为前提，也是进化的产物。在米德看来，生物个体参与社会性动作，把各自动作的初期阶段用作姿态，即用作完成该动作的指导。这种姿态在动物身上业已出现，但是，这种类型的交流还不是语言本身，符号或姿态必须成为表意的符号或姿态，才能产生语言，生物个体也才能有意识地交流自己。不过，并非所有在姿态会话水平上交流的动物都能够达到表意符号的水平，只有人类有机体才具有表意的符号所必需的神经学构造，从而使人类动物能够从姿态会话水平进入到表意的语言符号水平。表意符号的姿态，属于社会行为的一个部分，一方面，它对于特定社会或社会群体中的所有个体成员具有同样的意义，因而能在自我和他人身上唤起同一反应，为意义交流提供必不可少的共同内容。另一方面，只有凭借表意符号的姿态，思维才能发生。思维的本质无非是在社会过程中，个体借助于这些姿态与其他个体进行的外部姿态会话在自己的经验中的内在化。"因而有声的姿态乃是语言以及各种衍生的符号体系的实际源泉，也是'心灵'的源泉。心灵是在社会过程中，在社会性的相互作用这个经验母体中通过语言而产生出来的。只有人类能够从姿态会话的水平进入到表意的语言符号的水平，从而获得心灵或意识。"因此，心灵在交流中产生，而非交流在心灵中产生；交流则是凭借于社会经验语境中的姿态会话进行的。正是由于从交流和一般社会经验过程来分析解释心灵的产生与发展，因而不仅心灵的起源，而且心灵的本性，也都变得不再那么神秘或不可思议的了。

---

① 乔治·H. 米德：《心灵、自我与社会》，上海译文出版社1992年版，第6页。

　　"心灵的领域从语言中突现"，因而单单从个体人类有机体的观点看待心灵是荒谬的。心灵虽然属于个体有机体，但它的本质却是一种社会现象，甚至它的生物学功能也首先是社会的。脱离了社会经验过程，或脱离了社会性动作的个体经验，不仅是贫乏的，而且是毫无意义的。所以，必须从社会动作的观点来理解内在的个体经验；必须承认个体经验是在社会相互作用这个经验母体中产生出来的。因而当米德从社会的维度来考察"姿态"，并从"姿态"出发来描绘真正的语言交流，以及由之所产生的"成熟的、思考的、创造性的、可靠的、自觉的心灵"时，"事实上米德用生物社会学的术语回答了人的心灵与自我如何在行为过程中产生的问题。他不像传统的心理学家那样忽视使人类得以发展的社会过程；也不像传统的社会科学家那样忽视社会过程的生物学方面，求助于一种心灵主义和主观主义的社会概念，即以心灵为前提的社会概念。米德避免了这两种极端，诉诸相互作用的生物有机体的不断发展的社会过程，在这个过程中，通过姿态（以有声姿态的形式）的会话的内在化，心灵与自我产生了。米德还避免了第三种极端即生物学个体主义，他承认使心灵得以产生的基本生物过程"。[①] 同时，米德对姿态符号的分析，也显示了他不是从语言所表达的内部意义来研究语言，而是借助于符号与姿态在群体中进行合作的更大范围来研究语言，在这个意义上，米德的"符号互动论"与皮尔士以行动解释为方向的符号学可谓不谋而合。

二　"泛化的他者"

　　米德成功地分析了语言的机制，借助于这一机制，不仅揭示了心灵的生成与本性，而且顺理成章地延展出具有心灵的有机体，在社会交流过程的"角色扮演"中所形成的"自我"的独特品性；在个体与社会之间的相互作用中，以"泛化的他人"的角色参与共同的活动所构成的自我的基本结构，即"客我"与"主我"的统一。易言之，表意符号意义上的"交流"，使自我的出现成为可能。

　　自我的生成，既以语言的普遍性为前提，又以"他人"的态度，

---

　　① 乔治·H. 米德：《心灵、自我与社会》，上海译文出版社1992年版，第3页。

"表现在游戏与竞赛活动中"。语言的普遍性，意味着话语或符号不是特殊的，对任何处于相同情境的人都具有相同的意义，因而能够像影响自我个体一样引起他人的一种特殊反应，从而使得彼我在社会行为的体系中能够辨别各种刺激或反应，并在自己控制的领域内领会那些姿态和意义，以便把各种各样的反应联结起来，以构成新的动作。所以，在表意符号意义上的"交流"的重要性就在于，它不仅针对他人而且也针对自身，这样，一方面，通过社会交流过程，个体由他自己的姿态在自身引出参与同一社会活动的其他个体的态度和角色，从而把他人的态度、社会的经验输入个体内部；另一方面，就交流作为行为的组成部分而言，个体把他人的态度、社会的经验动作化为自己的动作，使得自我的出现成为可能。自我的出现意味着自我并非与生俱来，而是在社会经验与活动的过程中逐步产生与发展的。换句话说，自我是作为特定的个体参与整个社会活动，并在与该过程中的其他个体的交互关系中一道发展的结果。自我在经历了扮演某个特定的"他人角色"的游戏阶段之后，便以参与社会共同活动的任何一个"他人"的角色进入了竞赛阶段。在竞赛阶段，个体并不只是扮演某个特定的他人角色，而是依照参与同一过程的所有那些他人的态度，即以"泛化的他人"的角色控制着自己并发挥着自己的作用。因而"在任何涉足或卷入特定社会整体即有组织社会的个体的经验范围内把握该整体本身的广阔活动，是该个体的自我获得最充分实现的本质基础和必要前提，只有当他对他所属的有组织的社会群体所参加的有组织的、合作性社会活动或活动系列采取该群体所持的态度，他才能实际发展出一个完全的自我，即获得他所发展的完全的自我的品质"。① 总之，自我的生成，除了语言之外，它的生命构成的另一特征是始于儿童的"游戏"阶段，而完成于社会的"竞赛"阶段。

"自我"是个反身词，表征着自我的独特品性。自我的独特性在于，具有心灵的有机体首先能够成其为自身的对象。这个论断关系到自我的身份或自我意识的基本问题，而问题的解答则展现在个体所参与的社会活动的经验情境之中。在米德看来，一个有机体的理性不可

---

① 乔治·H. 米德：《心灵、自我与社会》，上海译文出版社 1992 年版，第 10 页。

能是完全的、个人的，如同笛卡尔所主张的那样。一个个体的合理行为的必要前提是：他必须将自身投入到特定社会的情境之中，并在经验行为背景中对他自己采取其他个体的态度，即采取"一种客观的、非个人的态度"，从而不仅使他能够从那个"泛化的他人"视界反视自身，而且使他自己能够从经验中走出他自己而成为他自身的对象，同时也使他具有"自我意识"并意识到自身的存在。在这里，语言交流，或在交流中的角色扮演则为之提供了一种媒介。诚如米德所说：语言是在某个社会群体中相互作用的客观现象，它的重要价值在于使人们能够控制对动作的组织。凭借语言这个媒介，"个体经验到他的自我本身，并非直接地经验，而是间接地经验，是从同一个社会群体其他个体成员的特定观点，或从他所属的整个社会群体的一般观点来看待他的自我的"。① 那么，"当一个有机体在自己的反应中采取了其他有关的有机体的态度时，我们所说的'理性'便出现了。这样有机体便可能在这整个合作过程中采取与它自己的动作有关的群体的态度。当它这样做时，它便是我们所说的'一个理性的存在'。……如果个体能够采取其他人的态度并用这些态度控制他自己的行动，并通过他自己的行动控制他们的行动，我们便具有了可以称为'合理性'的东西。"② 所谓"'合理性'的东西"则表明，"自我，作为可成为它自身的对象的自我，本质上是一种社会结构，并且产生于社会经验"。③因此，孤立的有机体不是自我，只有通过社会过程，冲动的动物才能成为理性的动物，从而区别于植物和低等动物；只有通过社会经验，具有适当的机体素质的生物个体才能拥有灵魂或心灵；只有通过社会交流过程的内在化或输入，个体才能获得反省思考的机制，获得使他成为他自己的对象并在一个共同的生活世界中生存的能力。所以，当一个自我出现时，它总是内含着另一个人的经验，不可能有一个完全独立的自我的经验；当个体作为一个自我出现在他自己的经验中时，他与他人相对而出现，并在个体自身唤起它在他人身上唤起的同样反

_____

① 乔治·H. 米德：《心灵、自我与社会》，上海译文出版社1992年版，第138页。
② 同上书，第123页。
③ 同上书，第291—292页。

应；当他人的反应，以及采取他人的态度成为个体的经验或行动中的一个基本成分时，不仅他人，而且自我也会出现在我们自己的经验之中。因此，"我们要求在自己的经验中承认他人，并在他人的经验中承认我们自己。如果我们不能在他人与我们的关系中承认他人，我们但不能实现我们自己。当个体采取他人的态度时，他才能够使他自己成为一个自我"。① 由此可见，自我的生成已经为自身提供了它的社会经验，自我作为可以成为他自身的对象的自我，本质上也是一种社会结构，因而即使我们可以想象一个完全独立的自我，也无法想象一个产生于社会经验之外的自我。

"完整的自我"既是"主我"又是"客我"，是主体与客体的统一。虽然一个有机体在社会交流过程中，采取与它自己的动作有关的群体的态度，并用他人的态度控制自己的行动而成为"一个理性的存在"，但是，这并不是自我的一切。这只是表明"泛化的他人"被一个个体的自我所接收，构成了"客我"。"客我"表征着自我把自己认同为一个普遍的存在，使自己置身于所有他人的态度之中。可以说，"正是以这种泛化的他人的形式，社会过程影响了卷入该过程、坚持该过程的个体的行为，即共同体对其个体成员的行动加以控制；因为正是以这种形式，社会过程或共同体作为一种决定因素进入个体的思维。在抽象的思维中，个体对他自己采取了泛化的他人的态度，并不考虑其他任何特定个体是如何表达的；而在具体的思维中，他采取哪一态度是因为它表现在那些和他一起卷入特定社会情境或动作的其他个体对他的行为所持的态度之中。但是只有以这两种方式中的一种或另一种方式采取泛化的他人对他自己的态度，他才有思考的可能；因为只有这样，思维（或构成思维的姿态的内在化会话）才会出现。而且只有通过个体采取泛化的他人对他们自身所持的态度，才为具有共同的即社会的意义、作为思维的必要前提的那一系统即论域的存在提供了可能"。② 换言之，仅当个体采取他人的态度时，他才获得自我意识。于是，具有自我意识的个体对于他所从属的特定社会群体或共同

---

① 乔治·H.米德：《心灵、自我与社会》，上海译文出版社 1992 年版，第 125 页。
② 同上书，第 138—139 页。

体，当其面临所从事的各种社会计划或有组织的合作事业出现社会问题时，便会采取或持有该群体或共同体的有组织的社会态度，并据此支配自己的行动。然而，尽管米德认为个体的心灵、自我的生成与存在，以一个先在的社会过程为前提，并借助于语言把社会交流过程输入个体内部，然后个体把社会行动化为自己的行动；但是，这并不意味着个体完全失落在社会之中，其创造活动和重建活动便毫无余地了。相反，他与杜威强调个体存在者是"重建社会的中心"立场一样，也强调"个体决不是社会的奴隶。个体构成社会恰如社会构成个体一样实在"。① 米德认为，如果"客我"是一个循规蹈矩、因循守旧的个体，因而是每个共同体成员都具有的习惯的话，那么，"主我"则是动作的原则和冲动的原则，以及创造性的原则。"主我"对共同体的态度作出反应，同时也改变它，因而"主我"的一切动作，无论是在非语言的还是在语言的交流水平上，都在某种程度上改变着社会的结构。在米德看来，人类个体既不像昆虫那样根据生理的分化来承担社会的职责，也不是仅凭姿态对他人发生影响，而是通过承担共同的活动所牵涉的其他人的角色来调节他在社会行动中的作用。因此，社会获得了一种新的社会组织原则，或调控方法，即以某种共同方式成功地调节了个体的行为。但是，自我作为它所从属的共同体组织的"客我"出现，并不意味着排除了个体自我之间的差异性与个体性，也不意味着抹杀了个体自我的独创性，相反，一个特定社会共同体中的每一个自我，总是基于独特的经济立场与社会地位，从不同的侧面或角度，以表现自己的特定方式对共同体做出反应。这样，自我经验中的"主我"不仅通过对"客我"的反应来体现自己，同时，新的重建因素也会随之发生。因为"他的反应即'主我'是他采取的动作的方式。如果他那样动作了，可以说，便是在给群体增加某些东西，是在改变该群体"。② 从而创造性的"主我"行为便会给社会舞台带来变化。所以，"'主我'与'客我'这两个侧面对于充分表现自我都是必不可少的。为了归属一个共同体，某人必须采取一个群体中他人的态

---

① 乔治·H. 米德：《心灵、自我与社会》，上海译文出版社 1992 年版，第 19 页。
② 同上书，第 292 页。

度；为了进行思考，他必须利用纳入他自身的那个外界社会。由于他与该共同体中他人的关系，由于在该共同体中获得的合理社会过程，他才成为一个公民。另一方面，个体不断对社会态度作出反应，并在这一合作过程中改变了他所属的这个共同体"。① 一言以蔽之，主我与客我的相互作用，共同构成了一个出现在社会经验中的人。应当说，米德对自我的基本结构的分析，最典型地体现了主体与客体、个体与社会之间的相互作用，也表现了他反对只是回到寓居于个体自我意识领域的笛卡尔的立场。

毋庸置疑，米德是从一个复杂的社会群体的有组织行动来分析解释自我的个体行动，而不是用属于该群体的单个个体的行动来解释社会群体的有组织的行动。"对于社会心理学来说，整体（社会）先于部分（个体），而不是部分先于整体；是用整体解释部分，而不是用一个部分或几个部分解释整体。不是用刺激反应来构成解释社会动作；它必须被看作一个能动的整体，看作某种进行中的东西，它的任何部分都不能单独地予以考虑或理解，它是一个复杂的有机过程，蕴含在它所涉及的每一个个体的刺激与反应里"。② 那么，当米德把个体的活动或行为置于社会过程中来研究时，自我的生成与存在的社会因素实际上涉及两个维面的普遍性：语言的普遍性和"泛化的他人"。在这里，普遍性问题已经超越了狭隘的哲学问题，而关涉到了共相理论，以及如何公正地理解实用主义有关整体性、普遍性的因素问题。通常人们一般把实用主义定性为唯名论，以为它只注重特殊的具体事实。然而，通过米德对表意符号的阐述，实用主义的符号与其被定性为唯名论，倒不如说它更接近于中世纪的概念论。因为"事实上，表意的符号，作为一种姿态，不是任意的，而始终是某一动作的一个阶段，并因而分有该动作所具有的任何普遍性。……普遍性因而不是一种实体，而是一系列姿态和物体之间的符号化的作用关系，其中的个体成员是这个共相的'实例'"。③ 这样，通过把普遍性与动作相联系，被

① 乔治·H. 米德：《心灵、自我与社会》，上海译文出版社 1992 年版，第 177—178 页。

② 同上书，第 6 页。

③ 同上书，第 21—22 页。

否认的只是传统哲学关于共相的实体化，而建构起来的则是一种经验科学和哲学领域。就"泛化的他人"而言，涉及角色扮演过程的普遍化。如果说"泛化的他人"是任何一个他人亦即所有他人，那么，他作为或可能作为殊相便会与即将到来的合作过程中的角色扮演态度相对立。从动作的观点来看，泛化的他人是普遍意义上的扮演动作。因为个体通过扮演他人的角色，他的经验和他人的经验便具有了一种社会的普遍性与客观性，由此也就超越了他自己个体的有限性。在这里，世界呈现为同一面貌，经验是社会的、共同的、分享的，而个体的经验也只有相对于这一共同世界，才能表现出其特色。总之，米德从社会心理学分析的维度，阐释了话语领域、动作领域与所论世界的关系结构所显示的普遍性，使人意识到实用主义立场的突现性、暂时性与有限性，与经验到的世界所显示的任何普遍性、恒定性并不相矛盾。这一观点在于"它劝告人们明智地对待存在和生成的共同原则，指出，从经验上说，普遍性是事物相对于动作的特性，不管这一动作是个体的，抑或是社会的。普遍性本身是多与少的问题，而不是全与无的问题"。[①] 对于此，诚如查尔斯·W. 莫里斯所评价的那样，"虽然米德本人没有详细地论述他偶然提及的逻辑，他的说明也蕴含着一种逻辑理论和一种数学哲学的萌芽"。[②] 这个"萌芽"不仅对于研讨与批评实用主义没有给予充分讨论的那些问题提供了契机，而且在某种意义上也使米德获得了后达尔文主义的亚里士多德的地位。

三　人类社会的理想

自我虽以一个客观的社会过程为前提，但是，反过来自我又组成了一个独特的人类社会。人类社会的组织原则，既不同于昆虫社会的生理分化原则，也不同于畜群"本能的联系"原则，而是包括他人参与在内的语言交流原则。语言交流不仅能够形成宗教信仰、经济态度与道德取向的普遍情境，而且也是拓展社会共同体、通向民主理想社

---

① 乔治·H. 米德：《心灵、自我与社会》，上海译文出版社 1992 年版，第 24 页。
② 同上书，第 23—24 页。

会的桥梁。所以,"人类社会自身特有的组织形式以语言的发展为基础"。①

语言交流不仅生成了心灵与自我,而且也形成了独特的人类社会。在米德看来,一切生物有机体的行为都有一种基本的社会性,而构成一切类型或形式的社会行为的基础,则发自于各种生物生理的根本冲动与需求,即发自于有关饥饿与营养、性欲与繁殖的冲动与需求。任何特定的个体有机体的冲动与需求的满足,不论其行为是简单的还是复杂的,原始的还是高度组织化的,初步的还是相当发展的,总会牵涉社会联系,卷入社会情境之中。这样,"一切生物有机体都在一个总的社会环境或情境中,在一个社会联系和相互作用的联合体中结合起来,它们的继续生存有赖于此"。② 如果说生理冲动的需求是一切生物有机体的社会行为、社会组织的基础,那么,蜜蜂与蚂蚁依其生理分化形成了昆虫的生活社会,动物畜群依其本能需求形成了松散的集合体。人的性欲冲动造就了人类社会的最基本单位——家庭,而国家以及有组织的社会则不过是家庭的延伸;或者说是从人类个体成员之间这些简单而基本的社会——生理关系衍生出来的。人类社会虽然同昆虫社会、动物畜群有很多类似的方面,但从根本上说,它的生存原则既不是昆虫的"生理适应"原则,也不是畜群"本能的联系"原则,而是语言的交流原则。这种交流有别于其他动物之间所发生的交流。低等动物中间,甚至在高度发展的昆虫社会的成员中间,一切交流,一切姿态的会话,都是无意识的。而"作为人类社会组织基础的原则,是包括他人参与在内的交流原则。这一原则要求他人在自我中出现,他人参与自我,通过他人而达到自我意识。这种参与通过人类所能实现的交流而成为可能。这种交流有别于其他动物之间发生的交流,其他动物社会中没有这一原则"。③ 值得提出的是:语言交流并不是不同个体之间的生理分化,而是人的正常发展所具有的一种同样的生理机能。人类个体中枢神经系统的生理机制,使个体可以在影响他

①　乔治·H. 米德:《心灵、自我与社会》,上海译文出版社1992年版,第209页。
②　同上书,第203页。
③　同上书,第223页。

人的同时也影响我自己，由之才产生了唯一拥有自我意识的人类有机体。不过，具有这种能力的个体是一个社会个体。因为他并不是独自发展这种能力然后凭借这种能力加入社会，而是在与他人的合作过程中，个体能够从群体其他成员身上引起一种反应，才能使他转向自身，向自己指明他所能做的不同事情。基于这种观点，米德批评社会契约论是一种"陈旧的理论"。因为这种理论主张先有理智的个体，然后这些个体聚集起来形成社会。米德认为"如果个体只有通过与他人的交流，只有通过精致的社会过程、借助表意的交流才能达到他的自我，那么自我便不可能发生在社会有机体之前。社会有机体必须首先存在"。① 换言之，自我是作为一种新型的个体出现在社会整体中。由于这种维护自身权利的自我，或与共同体认同的自我的出现，然后才有以自我意识为基础的社会进一步发展的可能性，才有和畜群的松散组织及昆虫的复杂社会有很大区别的独特的人类社会。人类社会的生成不是因为个体有机体之间的契约，而是人们之间的交流使然。

语言交流作为一种社会组织原则，不仅使个体在与整个共同体、共同体其他个体成员的社会相互作用及联系中得到他的人性，也使个体在他者的角色扮演中，获得了"泛化的社会态度"。"泛化的社会态度"意味着当个体在他人身上唤起某一反应，同时可以采取他者的态度，然后让自己的行动适应于它。这样，如果生活的共同体中有一整套这样的共同反应，那么，这样的反应即为"社会制度"。"社会制度"体现了共同体全体成员对一个特定情境的一种共同反应，也是群体活动或社会活动的有组织的形式。"这些形式经过组织，使得社会的个体成员能够通过采取他人对待这些活动的态度而恰当地合群地动作。……至少，没有某种社会制度，没有构成社会制度的有组织的社会态度和社会活动，就根本不可能有充分成熟的个体自我或人格；因为社会制度是一般社会活动有组织的表现形式，而只有当参与该过程的个体各自分别在其个体经验中反映或理解这些由社会制度所体现或代表的有组织的社会态度和社会活动时，才能发展和拥有充分成熟的

---

① 乔治·H.米德：《心灵、自我与社会》，上海译文出版社1992年版，第207页。

自我或人格"。① 在这里，尽管自我的发展程度取决于共同体，取决于该个体在他自身唤起制度化反应群的态度，但是，社会制度并不一定破坏个体成员的个性。因为，社会制度是在人类进化水平上的社会生活过程中发展的，那么，作为该过程特有的形式化表现，它并不代表或支持对某种固定的、特殊的动作形式的狭窄规定，相反，它在任何特定环境下都将体现一个特定共同体或社会成员的一切有智能、有社会责任能力的个体的行为特征，因而它只需在一种非常宽泛、一般意义上规定个体行动，并为个体行动的创造性、灵活性和多样性留下充裕的活动空间。所以，整个社会的演化与进化的总过程存在着自我的内容、冲动的情绪等"个体极"与自我的结构、自我的理性等"制度极"，而前者的行为主义表现则通常受后者理性的、社会的制约与调控。所以，当个体采取任何制度化的态度时，他在某种程度上便组织化了整个社会过程，那么，他的自我越完全，社会组织化的程度也便越高。在这个意义上，"整个社会过程的统一便是个体的统一，而社会对个体的控制在于这个正在进行的共同过程，这个过程根据个体的特殊作用把他区分出来，同时又控制他的反作用"。② 因此，如果个体能够把社会的有组织的反应接纳到自己的本性中，他便不仅从他所属的共同体得到了心灵的内部结构，而且也具有了作为共同体一员的资格。

语言交流不仅提供了一种完全不同的社会原则，而且推进了社会共同体的扩展，打开了通向一个普遍社会的大门。如果社会代表了个体所参与的某些情境的一套有组织的反应，并且如果个体能够把那些有组织的反应纳入到自己的本性之中，那么，使之成为可能的方法或机制则是"语言"或"符号"。因为"思维正是借助于这一普遍机制（即普遍表意姿态和符号）才得以进行，并使人类个体超越他直接所属的局部的社会群体，因而使那个社会群体通过其个体成员而超越它自身，把它自身同它周围的以及它仅仅是其一个部分的整个有组织的社会联系和相互作用的更大环境联系起来。"③ 所以，语言交流不是纯

---

① 乔治·H. 米德：《心灵、自我与社会》，上海译文出版社 1992 年版，第 230—231 页。
② 同上书，第 238 页。
③ 同上书，第 237 页。

粹的抽象词语的传播，而是蕴含着有组织的反应，因而在某种程度上传递着人们的生活背景。基普林曾说："东方是东方，西方是西方，两者永不相遇。"① 但米德说，语言的交流事实上使东西方开始交换角色，并使它们相遇了。西方世界的共同体，与其他不同国籍的人们，都能在词语的"话域"里表现自己，并有可能使代表不同共同体生活的那些有组织的态度，在这些不同群体之间持续的相互作用之中，使它们能够获得一个更高级的共同体。因此，"如果社会关系可以推进到越来越多的方面，我们无疑可以在自己的集团、自己的共同体、在世界上成为一切人的邻居，因为，当我们在自身唤起他人的态度时，我们便更加接近于这一态度。必不可少的是社会关系整个机制的发展，它使我们走到一起，使我们能在各种不同的生活过程中采取他人的态度"。② 所以，无论是从宗教的怜悯态度、经济的交换态度，还是逻辑的思维观点看，人类社会所有这些过程的普遍性，至少打开了通往一个普遍社会的大门。正是基于这种观点，米德批评柏拉图与亚里士多德的缺陷在于，他们没有发现通过理性的自我、自我在各自组织结构中的反应，自我参与其内并从中获得其存在的有组织的社会形式，来进行社会融合和组织的基本原则。因而柏拉图只是向往着一个与世隔离的国家类型——城邦。亚里士多德虽然承认不同城邦之间社会联系的必要性，但是由于他没有发现一条可借以确定城邦与其他社会联系而又不严重损害城邦本身政治结构的一般原则，所以，他与柏拉图一样，都无法把希腊城邦的社会政治组织推广运用于城邦间的相互联系；尤其运用于那一社会整体或帝国本身。从理论上看，米德坚持的是"国际联盟"；希望各个国家之间自觉的社会认同并参与国际活动，从而把代表不同共同体生活的那些有组织的态度一起纳入一个更为广阔的社会关系中。在这个意义上，米德可谓名副其实的"国际主义者"。

"语言提供了一种普遍的共同体"。但是，在有组织的人类社会中，由于个体成员之间错综复杂的相互关系，因而个体自我之间既可以导致社会合作，产生个体之间的友好态度，同时也可以导致对抗与

---

① 乔治·H. 米德：《心灵、自我与社会》，上海译文出版社 1992 年版，第 239 页。
② 同上书，第 239—240 页。

冲突，造成个体之间的敌对关系。那么，要解决与终止个体自我之间的对抗与冲突，就要在人类社会进化过程中改变特定的社会联系，重建特殊的社会情境，使个体自我整合他与其他个体自我之间的社会关系，以维护社会共同体的态度。在这里，米德与杜威一样，当社会秩序需要变革时，也主张"理智的重建"。"理智的重建"内蕴着"社会的重建"与"自我或人格的重建"。这两类重建分别以不同的方式、不同的角度，或观点表现了人类之间有组织的社会关系，及其社会的进化过程，因而社会的重建与自我或人格的重建之间的关系是交互的、内在的、有机的。为了消除一个特定的有组织的人类社会中个体成员之间的社会冲突，必须由那些个体对该社会进行有意识的理智重建；必须由那些个体对其自我或人格进行改变。而社会的变革与自我的实现所凭借的工具、机制或器官则是心灵。因为人类个体拥有心灵或思维能力，他才能凭借它解决在他经验中遭遇到的各种环境的阻碍问题；才能批判地回头看待他们所属社会的有组织的社会结构，并且在不同程度上认识、重建或改变那一社会结构，以达到一个更大的、高度组织化的社会整体。因此，对米德而言，"人类社会的理想，人类社会进步的理想或最终目标，是达到一个普遍的人类社会，使得所有人类个体都具有完善的社会智能，以至所有社会意义都同样反映在他们各自的个体意识中，以至任何一个个体的动作或姿态的意义（凭借他采取其他个体的社会态度对待自身并对待他们共同的社会目标或意图的能力，由他实现并表达在他的自我结构中的意义），对于对它们作出反应的任何一个个体来说都一样"。①

自我的起源、发展、本性及结构的社会理论是米德伦理学的理论基础。在伦理道德领域，米德与詹姆士、杜威等实用主义一样，都主张一种利益价值论：凡是满足一种冲动或利益的都是善的。不过，米德通过对自我的社会心理学研究，使得这个概念又具有了新意。由于自我借助于语言而使自己采取他人的态度，这样，他人的价值观，或者说社会的价值观便会成为他自己的价值观。在这一点上，米德与康德一样，都强调道德包含着普遍性，即一个有理性的存在所"应当"

---

① 乔治·H. 米德：《心灵、自我与社会》，上海译文出版社 1992 年版，第 271 页。

采取的整个共同体的态度。但与康德不同的是，米德更注重德行目的的普遍化。在他看来，自我的道德目的就是社会的目的；道德的任务就是必须考虑到实际生活中所牵涉的一切相关的利益，严格遵守存在于特定情境中的所有价值标准。反思这些价值标准，努力使自身的冲动得到最大限度的满足，同时也发展、调和其他冲动，以达到最大限度的和谐。在这个意义上，道德行动才是有理智的、有社会目的的行动。在这样的行动中，人们不但想着自我的利益而且还兼顾着他人的利益。这就是说，道德的行动要求的不是从利益到理性，而是从孤立的利益转到蕴含个人行为在内的社会利益体系中的利益。正是在这样的自我的社会中，米德看到了社会的理想。这样的社会不是"奥古斯丁式的历史哲学"，即维持与达成任何一套现存或权威规定的价值标准，而是受社会目的的支持，发挥"主我"的创造这样一种既紧张又活跃的社会。诚如莫里斯所说："这样一种道德的人的社会看起来是米德式的民主理想。虽然一个自然发生的宇宙不能保证将来，米德确实相信，人类生活的媒介和制度（语言、宗教、经济过程）事实上的确扩展着它们所包含的角色扮演过程。以家庭关系中的互助式为基础的宗教态度，以及为了本人所需要的物品而向他人提供某些盈余产品的经济态度，实际上是普遍的，而语言能够随着共同活动的扩展而扩展。在这个意义上，越来越多的人更大程度地扮演他人角色的能力看来是朝着民主理想的方向发展，条件即是这些自我成为道德的自我。这样一种民主，正如米德清楚地看到的，没有那种令人讨厌的拉平趋势，不奖励平庸无能的人。相反，它与能力和贡献上的巨大差异和谐共存。民主的真正含义是，每个人都能通过对一个过程的道德参与而实现他自己。合乎理想的是，'个体作出他自己特有的贡献，从而在他人中实现他自己'。民主社会并不崇尚阶级、财产或权力本身的优势，它必定极其珍视由履行种种社会职能的优势而产生的优越感和自豪感。"① 可以说，这种社会理想不仅体现了米德力图摆脱自我中心论的认识论取向，也体现了实用主义的伦理学说的核心。应当说，米德在价值领域所做的探讨，更清楚地阐释了利己主义还是利他主义、个体

① 乔治·H. 米德：《心灵、自我与社会》，上海译文出版社1992年版，第27—28页。

的进取精神与社会公共事务之间以及个人主义原则与社会主义原则之间这样一些二者择一的问题。这些问题是后"冷战"时代的严肃问题，既是理论性的，又是实践性的。当然，"无论民主理想的命运如何，乔治·H. 米德异常丰富的思想，不仅使他在社会心理学的创立者中间占有牢固的地位，导致各种具有内在价值的社会学说和伦理学说，以'动作哲学'的形式为实用主义的重大发展提供了基地，而且处处表明它们自身具有丰富社会科学各种概念的力量，为经验研究指出了新途径，并为哲学家解释打开了新的视野"。① 正因如此，米德与杜威一样，被称为是思想王国中的沃尔特·惠特曼。

总而言之，米德的思想仅仅聚焦于几个基本观念：心灵、自我与社会，在对这些基本观念的精细描述中，表明了哲学所基于的科学基础，以及与之密切相关的社会的与伦理的方面。在他的理论体系中，社会心理学与哲学交相辉映，显示了身为科学家的米德既是一位社会心理学家，也是一位哲学家。可以说，他的贡献并不在于数字、图表和仪器方面，而在于对问题的洞察。他提出了一种从社会秩序出发的研究方法，成功地分析了语言的机制，并详细阐述了语言符号在人类自身，以及在人类社会存在和发展中所起的重要作用。他发展了自我、角色、社会群体、人类经验的进化潜能之间的关系，向着"泛化的他人"前进，创造了更加包容、更加普遍和更加理性的自我，并进而创造了与之密切相关的伦理学。不无论人们是否能够完全接受他有关心灵、自我与社会的观点，但是，他关于人类心灵、人类的知识、人类的本性、人类的道德如何出现在社会相互作用过程中的论述，则是实用主义者要解决的中心问题。米德对这些问题作出了最为全面的处理，不仅成为实用主义运动的主要成就之一，而且也是对社会心理学乃至一般哲学理论的最重要的贡献。正因如此，"他成为在有社会学背景的社会心理学家的传统中被引证最多的核心人物，被奉为著名的'符号互动学派'的创始人，与弗洛伊德、勒温、斯金纳并称为当代社会心理学大师"。②

---

① 乔治·H. 米德：《心灵、自我与社会》，上海译文出版社 1992 年版，第 29 页。
② 同上书，第 6 页。

后 记

当我获得这个项目《现代西方交往理论研究》，并准备写这部著作时，虽然之前对这个研究主题有较为详细的思路设计、写作规划，更有一定前期研究成果的积淀，但真正着手逐一认真研读、细心梳理德国、美国与法国等主要哲学家们的原著及其思想观点，并将自己的觉解诉诸纸端，则发现事情远非预期的那样简单。在众多的哲学家及其卷帙浩繁的著作面前，感觉自己如同《魔山》一书中所描述的海中漫游者一样，在接近每一个最后的海岬后面，总是有一个新的海岬展现在前面。

随着研究的深入，现代西方交往理论所呈现出来的问题越来越繁杂，内容越来越丰富，视界越来越广阔。在写作过程中，既要阅读或重新解读各位哲学家的相关原著，又要查找有关他们思想观点的各类中外文研究资料。解读与探寻的结果，使我对事先选定的内容有种始料未及的感觉。不仅感到时间紧迫，更感到力不从心。此时，我多么期望时间有可缩性，能够使思绪在充满弹性的时光中生长、打磨、成熟起来。随着时间的飞逝，一分一秒都变得如钢铁般坚硬，以致对有些哲学家的思想观点还未来得及细细琢磨、深入研究、充分展开，甚至因为时间的关系，无暇触及诸如斯特劳斯这样在交往理论方面颇有建树的哲学家及其观点，这不能不说是本书的遗憾。

正如我在另一部相关的著作《解析与探索——哲学视域中的主体际交往》中所说的那样，本书努力付出的只是"小零钱"，而不是大纸票。虽然本书并没有像预期的那样具有丰厚的"票面价值"，但是，它毕竟是在前期研究成果基础上进一步深入地、较为全面地梳理了现代西方交往理论；它毕竟是在尊重原著、贴近西方诸国诸位哲学家思想观点基础上的不懈努力。在这个意义上，在结束本书的写作时，心中堆积已久的压力终可稍有舒缓与欣慰了。

王振林